Reinhold Messner · Jakob Tappeiner

DOLOMITEN

DIE SCHÖNSTEN BERGE DER WELT

Tappeiner Verlag

Inhalt

Korallenriffe Dolomiten 6
Dolomieu-Dolomiten 8
Daheim in den Geislerspitzen 24
Puez-Eindrücke 30
Peitlerkofel-Tage 32
Rückblick 38
Sella-Fels 76
Langkofel und Trabanten 88
Seiser Alm und Schlern 96
Rosengarten-Geister 100
Purgametsch 108
Vorbilder 116
Pelmo-Wetter 120
Civetta-Träume 128
Marmolada-Kalk 136
Brenta-Nebel 146
Heiligkreuzkofel-Mauer 152
Tofana-Schwestern 166
Pala-Gipfel 174
Zinnen-Geschichte 184
Schiara-Sonne 202
Berge der Welt 216
Das Jenseitige 220
Heimkehr 228
Dolomites 232

Korallenriffe Dolomiten

Wo heute die Dolomiten stehen, war einst ein tropisches Meer. Vulkanische Vorgänge, Korallenriffe mit Algen und anderen Meerestieren, die mit der Zeit höher und höher lagerten, Hebungen durch die Kollision der Kontinente, Wüstenklima, Senkungen, die Eiszeiten und die Verwitterung haben im Lauf von Jahrmillionen die Dolomiten geformt, wie wir sie heute kennen – die formschönsten Berge der Welt.
Seit mehr als 200 Jahren sind diese Dolomiten Mekka für eine Vielzahl von Wissenschaftlern, Forschern, Dichtern, Malern, Bergsteigern, Kletterern und Urlaubern. Ludwig Steub sah dort »die verrücktesten Linien der Alpenwelt«, Josef Kreil die »Stachelkrone Europas«. Leopold von Buch bezeichnete die Berge um Predazzo als »den Schlüssel zur Geologie«, Friedrich Simony verglich sie mit »einer in Schutt versunkenen Riesenstadt mit zahllosen Kastellen und Türmen«. Otto Julius Bierbaum sprach von einem »Epos in Stein«. Theodor Christomannos schwärmte von »mythischen Riesen, den Göttern zum Trotz«. Murray dachte beim Anblick der Dolomiten an Bajonette und Schwerterklingen und an »spitze Zähne, gleich dem Rachen eines Alligators«, Le Corbusier nannte sie die »eindrucksvollsten Bauwerke der Welt«. Emil Zsigmondy ist begeistert: »Ja, die Dolomiten sind ein köstlicher Edelstein im hehren Alpenland!«
Was wir in Überresten erstarrter Korallenatolle nicht alles sehen können! Ferdinand Freiherr von Richthofen erkannte als Erster, dass markante Dolomitenstöcke wie der Schlern, der Langkofel und die Sella einst Korallenriffe gewesen sind. Im Thetysmeer entstanden, erfuhren sie innerhalb von 230 Millionen Jahren viele Veränderungen. Die Entstehungsgeschichte der Dolomiten darf als Summe langsamer Krustenbewegungen, ein stetiges Absinken des Meeresbodens, verbunden mit gleichzeitigem Riffwachstum, verstanden werden.

Blick über die mehrstufige Sella-Hochfläche auf die Kette der Zentralalpen.

»Durch die Zersetzung vulkanischer Eruptivmassen entstand Magnesium; dieses verband sich mit dem Kalk und gab ihm jene kristalline Struktur, welche die Dolomiten von allen anderen Kalkbergen unterscheidet. Der Prozess, durch den der Kalk in Dolomit verwandelt wurde (der französische Geologe Déodat de Dolomieu war der Erste, der bei seinen hier vorgenommenen Untersuchungen im Jahre 1790 die Verschiedenheit des gewöhnlichen Kalkes vom Dolomit feststellte), heißt Dolomitisierung. Der Dolomit besteht aus annähernd gleichviel Gewichtsteilen Calziumkarbonat und Magnesiumkarbonat.«

Hubert Hager

Dolomieu – Dolomiten

**Die Geislerspitzen von Westen.
Falten, Überlagerungen, Brüche. In Schichten ist hier die Entstehungsgeschichte der Dolomiten übereinandergelagert. Darüber zu Stein gewordene Korallenriffe.**

Der Name Dolomit stammt von Nicolas Theodore de Saussure, einem französischen Gelehrten aus der Dauphiné. Déodat de Dolomieu erkannte die besonderen Charakteristika dieses Gesteins, das mit verdünnter Salzsäure keine oder nur eine schwache Reaktion zeigt. Dieses Gestein wird später ihm zu Ehren »Dolomit« genannt. Luigi Zanzi hat das Leben des Forschers nachgezeichnet.

1789 ist das Jahr der Französischen Revolution. Es stellt aber auch einen Meilenstein dar in der Geschichte der Entdeckung der Alpen durch die Wissenschaft. Im Sommer jenes Jahres unternahmen – während in Paris die Bastille erobert wurde – zwei große und unerschrockene Verfechter des Reisens als Mittel der Wissenschaft Forschungsexpeditionen in zwei unterschiedliche Regionen der Alpen: Horace Bénédict de Saussure in das Gebiet des Monte Rosa, Déodat Gratet de Dolomieu zu einer »Mineralienreise« nach Tirol.
1789 war also das Jahr der »Entdeckung« der Dolomiten. Sozusagen als Krönung seiner schon einige Jahre währenden Forschungstätigkeit entdeckte Dolomieu in jenem Jahr auf seinen Wegen kreuz und quer durch Tirol, durch Täler und auf Gipfel, an mehreren Stellen ein Gestein, das – chemischen Versuchen unterzogen – ganz besondere

Klassische Dolomitenformation, Sextener Rotwand.

Eigenschaften aufwies (geringes Aufschäumen bei Kontakt mit Säure, Phosphoreszieren beim Aufeinanderprallen), Eigenschaften, die ihn auf ein Mineral schließen ließen, wie es im Kalzit nicht vorkam.
Von dieser Besonderheit, mehr aber noch von der genauen geologischen Untersuchung der verschiedenen Fundstellen des Gesteins beeindruckt, hob Dolomieu diese Beobachtungen 1791 in einem Bericht an Picot de Lapeyrouse besonders hervor. Dieser Bericht wurde im selben Jahr im »Journal de Physique« veröffentlicht und machte damit die Entdeckung nicht nur in der wissenschaftlichen Welt Europas bekannt, sondern auch bei zahlreichen »Amateuren«, die sich der Mineralienforschung verschrieben hatten.
Ebenfalls 1791 richtete Dolomieu ein Schreiben an Nicolas Theodore de Saussure, in welchem er weitere Einzelheiten der verschiedenen Belegstücke jenes Gesteins beschrieb, das er ihm zum Zwecke umfassender chemisch-mineralogischer Untersuchungen hatte zukommen lassen. Die Ergebnisse dieser Untersuchungen veröffentlichte N. Th. de Saussure 1792 in einer Mitteilung an das »Journal de Physique«. Darin benannte er das Gestein zu Ehren des Entdeckers als »Dolomia« (nach einem Gebrauch, der vor allem bei den Botanikern in Mode war).
Dolomieu ist also geradezu als der »Erfinder« der Dolomiten zu bezeichnen, auch wenn andere bereits vor ihm diesem »Marmor« (mit diesem Begriff wurde damals die

»Meine Phantasie bedurfte weiter Räume, meine Aufmerksamkeit richtete sich auf andere Ziele, mein Geschmack suchte nach neuen Genüssen ... Jedes Jahr eilte ich zu einer Bergkette, stieg auf ihre Gipfel, um jene tiefen Eindrücke zu empfinden, die aus der Betrachtung des weiten Horizonts entstehen. Da oben dachte ich nach über die Entstehung der Erdkugel, die Umwälzungen, die sie erfahren hat, die Vorgänge, die ihre Formen verändert und den heutigen Zustand bewirkt haben ... Wie ich so nach und nach höher stieg und meinen Gedanken immer weiteren Raum gab, verstärkte sich auch mein Weltbild: mein Horizont stieß auf immer weniger Grenzen.«

Déodat de Dolomieu

Die Dolomiten heben und reduzieren sich gleichzeitig. Durch Erosion und Verwitterung verändert sich ihre Gestalt. Während der Trias, vor etwa 230 Millionen Jahren, einer Zeit intensiver Vulkantätigkeit, haben sich vulkanische Tuffe und Sedimente abgelagert.

Der Pelmo und seine Umgebung.

gesamte mehr oder weniger ähnliche Mineraliengruppe bezeichnet) eine gewisse Aufmerksamkeit bei Laboruntersuchungen hatten zukommen lassen. Besonders zu nennen sind diesbezüglich G. Arduino und vor ihm bereits Linné (auch anhand von Belegstücken aus kunstgeschichtlichen Museen); J. W. von Goethe kann vermutlich das Verdienst der – wenn auch flüchtigen und eher zufälligen – Beobachtung »vor Ort« im Brennergebiet zugeschrieben werden. Dolomieu aber war der Erste, der das Gestein dort sammelte, wo es anstand, der es örtlich und geologisch zuordnete und schließlich unter Berücksichtigung einer präzisen Fragestellung zur differenzierten

»Heute gilt es vor allem die Täler im Umkreis des Monte Pelmo, wo die Berglandwirtschaft zusammengebrochen ist, zu stärken. Ohne Landschaftspfleger kein Tourismus.«

Reinhold Messner

Gestaffelt die Dolomiten-Ketten (vorhergehende Doppelseite). Die Schiara überm Nebelmeer (oben), Verwerfungen in den südöstlichen Dolomiten (rechts).

mineralogischen Bestimmung minutiös dessen beobachtbare Eigenschaften beschrieb.
Es erscheint daher nur gebührend und gerecht, dass diese Berge in ihrem Namen jenen Dolomieus verewigt finden. Erst sehr viel später, im Jahr 1864, machte der von J. Gilbert und G. C. Churchill herausgegebene Reise- und Bergführer »The Dolomite Mountains« den Namen »Dolomiten« bekannt, während dieser Teil der Alpen bisher zumeist als »Tirol«, als »Venetische Alpen« oder mit dem poetischen Namen »Bleiche Berge« bezeichnet worden war. Trotz gar einiger Diskussionen über die Opportunität der Bezeichnung »Dolomiten« wurde sie noch später, etwa zu Beginn des 20. Jahrhunderts, auch im politisch-territorialen sowie im verwaltungstechnischen Sprachgebrauch zur gängigen Bezeichnung. Abgesehen aber von diesen geschichtlichen Notizen um die Benennung: Der Name »Dolomiten« ist ein schöner Name, der voller Zauber in jedem nachklingt, der diese

»Das wissenschaftliche Gesamtwerk Dolomieus lag jahrhundertelang in den Archiven der Akademie der Wissenschaften in Paris, ohne dass irgendwer es bezüglich der Teile, welche seine Forschungsarbeit in den Alpen betreffen, untersucht hätte.«

Luigi Zanzi

»In fünfzehn Tagen reise ich nach Bologna um den Kardinal-Staatssekretär zu treffen. Von Bologna aus werde ich nach Venedig und in die Berge von Vicenza, von Verona und in jene von Tirol reisen.«

Déodat de Dolomieu

Berge auch nur einmal erlebt hat – diese Berge, die hoch und spitz aufragen wie künstlich geschaffene Gestalten, manchmal schlank sich in den Himmel erhebend, mythischen Gestalten von Jungfrauen gleich, die ein böser Zauber in Stein verwandelt hat. Im Klang dieses Namens schwingt der Goldschimmer des werdenden Morgens mit, darin leuchtet das Purpurlicht des schwindenden Tages wieder auf. Die sich am Horizont abzeichnenden Felsgestalten, zerfurcht manches Mal vom Schattenspiel der anbrechenden Nacht, wecken in süßer und verzehrender Melancholie ein sanftes Echo von Abenteuern in fernen Naturwelten. In diesem Namen steckt das Wiedererleben der vielfältigsten Erlebnisse im Leben und in den Bergfahrten jenes »Abenteurers«, welcher der kulturbeflissenen Welt die Entdeckung dieser Berge bekannt gab: Déodat Gratet de Dolomieu. Das gesamte Wesen Dolomieus ist dermaßen abenteuerlich, dass seine Geschichte fast unglaublich erscheint, es umfasst ungemein

komplexe Aspekte, die sich nur schwer zu einem Gesamtbild formen lassen. T. C. Bruun-Neergaard, ein dänischer Naturkundler, der Dolomieu 1801 auf seiner letzten Reise in die Alpen begleitet hat, nach Beendigung derer er am 28. November allzufrüh verstarb, Bruun-Neergaard also schreibt, die Bewohner der Berge hätten ihn wie einen Helden begrüßt, indem sie murmelten »Das ist ein Mann!«, während er auf einer Exkursion nach der anderen fast im Laufschritt durch die Bergdörfer eilte. Ihm ging ein tönender Ruf voraus, nicht nur als Erforscher der geologischen Struktur der Berge (ja nachgerade als einer der »Gründerväter« der Geologie), sondern auch als einer jener Forscher, die an der berühmtesten wissenschaftlichen Expedition jener Zeit teilgenommen hatten, jener im Gefolge des Generals Bonaparte nach Ägypten.

Geradezu episch und von tragischem Ausgang war jene Forschungsreise in die »afrikanischen« Gebiete; nach einem Schiffbruch im Frühjahr 1799 konnte sich Dolomieu unter glücklichen Umständen in der Nähe von Taranto an Land retten, einer Stadt, die damals zum Reich der Bourbonen gehörte, das mit Frankreich verfeindet war. Zusammen mit einigen Gefährten wurde er aber verhaftet und in Messina eingekerkert, da man ihn als jenen erkannte, dem man 1784 verboten hatte, das Land je wieder zu betreten. (Der Grund dafür ist bis heute nicht klar und es erscheint nur schwer glaubhaft, allein politische Motive dafür anzunehmen. Vielleicht haben unglückliche Umstände und Adelsintrigen ihn bei den Herrschenden – und insbesondere bei Königin Maria Carolina – unbeliebt und unerwünscht gemacht, nachdem er doch einige Zeit regelmäßig bei Hof verkehrt hatte.)

Es war ein hartes, fürchterliches Gefängnis: Eingesperrt in einer stickigen Zelle (eine Art Würfel von wenig mehr als zwei Metern Kantenlänge) überstand Dolomieu viele Monate der Marter einer quälenden Beengtheit, umso grausamer gerade für ihn, der als einsamer Wanderer gewohnt war, durch die Berge zu »laufen«, immer an der frischen Luft, dessen Blick von den Gipfeln den fernen Horizont maß, der es gewohnt war unter freiem Himmel und fast ungeschützt zu übernachten, der weglose Höhen erklommen hatte, stundenlang und immer eiligen Schrittes, unter sengender Sonne, bei Wind und Wetter, bei Schnee, ohne Träger und Diener (im Gegensatz zu anderen Forschungsreisenden der Zeit wie etwa H. B. de Saussure).

In dieser tödlichen Umklammerung »erfand« Dolomieu – körperlich ein Wrack – für sich ein neues Abenteuer, eine andere Freiheit: die der Gedanken, die der Niederschrift seiner Geistesabenteuer auf dem Gebiet der Mineralogie. Er benutzte dazu Kerzenruß und beschrieb die

**Vor allem der Frost und das Schmelzwasser im Frühjahr und Herbst »zehren« an den Dolomiten.
Im Bild der Latemar.**

Links: Die Schuttkare unter den Nordwänden der Geislerspitzen sind Zeugen der Verwitterung.

Rechts: Blick auf die von Blitz, Frost und Wind zerrissene Gratstruktur des Latemars.

Ränder eines Buches, das er während des Schiffbruches glücklicherweise in seinem Umhang bei sich getragen hatte. Das gesamte aufgeklärte Europa der Wissenschaft und der Politik forderte seine Freilassung aus einer Haft, in die er ohne Prozess gesteckt worden war, getreu der unerträglichen Willkür eines Despotismus, dessen Tage gezählt waren. Aber Dolomieu sollte seine Freiheit nur wiedererlangen, weil sich Napoleon Bonaparte seiner erinnerte, seines Geologenfreundes, des früheren Professors an der »École des Mines« in Paris und seines Gefährten auf der Expedition nach Ägypten. In den Friedensvertrag nach der siegreichen Schlacht von Marengo

»Der Dolomit, den er 1789 auf seiner Reise nach Tirol entdeckt hat, war keine Überraschung für ihn, sondern etwas, nach dem er seit Jahren gesucht hatte.«

Luigi Zanzi

»Es lässt sich ausführlich belegen, dass Dolomieu mit Sicherheit der bedeutendste Fußgänger seiner Zeit war, vor allem in der Welt der Gebirge.«

Luigi Zanzi

ließ er eine eigene Bestimmung einfügen, gemäß der Dolomieu im März 1801 endlich aus dem Kerker frei kam. Obwohl die Haft ihn schwer mitgenommen hatte, unternahm der unbezähmbare Dolomieu fast sofort eine neuerliche Reise in die Alpen. Wo immer er hinkam, selbst auf Bergeshöhen, wurde er als ein strahlender Held begrüßt, strahlend nicht nur ob seiner wissenschaftlichen Leistungen, sondern auch ob seines Widerstandes gegen despotische Tyrannei.
Der Reiz des Abenteuers verbunden mit großzügiger Liebenswürdigkeit, herzlichen Umgangsformen, einem wachen Geist und Unternehmungslust waren charakterliche

Kennzeichen dieses Mannes, während er körperlich als groß gewachsen, hager, behend und stark beschrieben wurde. Ganz so, mit all dem Charme des der naturwissenschaftlichen Forschung und dem Alpinismus verschriebenen Gentlemans, ist er in einem sehenswerten Porträt aus dem Jahr 1789 zu bewundern. Das Bild, entstanden in Rom vor seinem Aufbruch nach Tirol, stammt von der Malerin Angelika Kauffmann, die er in Rom kennen gelernt hatte, in eben den Kreisen, in denen er auch mit Goethe bekannt gemacht wurde (und den Angelika Kauffmann ebenfalls äußerst »lebensecht« porträtiert hat). Nicht nur wissenschaftliches Interesse, sondern auch seine Fähigkeit zu geistreicher Unterhaltung hatten den aristokratischen Dolomieu in die »aufgeklärten« Salons von Florenz, Rom, Neapel und Messina eingeführt. Mehrfach war er kreuz und quer durch Italien gereist und hatte dabei teilweise enge Freundschaften geschlossen mit Forschern aus verschiedensten Wissenszweigen (wie etwa Alessandro Volta, Lazzaro Spallanzani, Alberto Fortis, Giovanni Gioeni und andere). Aber auch »galante« Beziehungen hat er geknüpft mit Damen der Gesellschaft, Beziehungen, deren Abbruch ihm von

»Die Dolomiten! So etwas Wundervolles hatte ich nie im Leben gesehen. Es war ein bezaubernder Eindruck, der wie ein Gotteszeichen mein späteres Leben beherrschte.«

Maria M. Ogilvie Gordon

Links: Blick vom Sass Rigais in den Geislerspitzen nach Südosten. Links die Puezgruppe.

Rechts: Die »großen« Geislerspitzen über der Gschmagenhartalm, wo ich viele Sommer lang meine Ferien verbrachte.

Im Talschluss von Villnöß steht das barocke Kirchlein St. Johann. Dahinter der Wald, darüber wie ein Zauberreich die Geislerspitzen.

Zeit zu Zeit recht schwer fielen (»... das Herz will mir brechen ...«), wenn er aufbrach zu neuen Forschungsreisen, zuerst zu den Vulkaninseln des Mittelmeeres, später und immer häufiger in die Alpen.

In den achtziger Jahren hatten die Forschungsreisen Dolomieus vor allem Vulkangebiete zum Ziel, den Ätna, den Vesuv, die Liparischen Inseln, die Pontinischen Inseln. Er befuhr das Mittelmeer kreuz und quer zwischen Süditalien und Malta, wo er zu jener Zeit seinen Bezugspunkt hatte, auch wenn er den größten Teil des Jahres auf Reisen verbrachte. Dolomieu fühlte sich mit Malta verbunden, da er bereits in frühester Kindheit (mit zwei Jahren) als jüngster Spross des Marquis Gratet de Dolomieu (hier, nahe der Grenze zwischen Dauphiné und Savoyen lag das Stammschloss der Familie) zum Malteserritter bestimmt worden war. Häufige Seereisen hatten ihn gestählt und widerstandsfähig gemacht gegen die Härten einer auch rauen Natur und er hatte gelernt, auch in schwierigen, unvorhersehbaren und manchmal auch tragischen menschlichen Situationen zu bestehen: Mit 18 Jahren fand er sich nach einem Streit mit einem Waffengefährten in ein Duell verwickelt, das er dank seiner Kraft und Geschicklichkeit zwar siegreich bestand, das ihm aber auch die Verurteilung zu lebenslanger Haft eintrug. Nur die persönliche Einflussnahme von Papst Klemens XIII. ersparte ihm dieses Los. Der Vorfall bewog ihn aber seine Zukunft zu überdenken, sich den Naturwissenschaften zuzuwenden, von denen er sich bereits als Kind angezogen gefühlt hatte: »Als ich ein Kind war, in einem Alter noch, in dem andere nur an das Spielen denken, verbrachte ich viele Stunden damit, die Erscheinungen der Natur zu beobachten, so wie ich unbeweglich gebückt ausharren konnte, um die Metamorphose eines Salamanders zu verfolgen.«

So kam es, dass sich Dolomieu nach einigen Dienstjahren in der Garnison von Metz (hier lernte er den Apotheker und Physiker Y. B. Thyrion als Lehrer kennen und schloss Freundschaft mit Herzog Alexandre de La Rochefoucauld, einem »Liebhaber« der Mineralogie und alpiner Studien) immer mehr wissenschaftlichen »Reisen« widmete. Geologische und vulkanologische Interessen beherrschen seine Studien, die er zwischen Malta, Sizilien, Kalabrien, Lipari und Ponza betreibt. Auf der Basis dieser Untersuchungen legte Dolomieu verstärktes Gewicht auf die Bedeutung des »Feuers« als formendes Element der Erde, ohne damit allerdings die Bedeutung des »Wassers« zu vergessen.

Die zerrissene Kette der Geislerspitzen. Unmittelbar dahinter die Puezgruppe und nochmals dahinter die südöstlichen Dolomiten. In der Bildmitte der Sass Songher.

Daheim in den Geislerspitzen

Nach mehr als 3500 Gipfelbesteigungen, 100 Reisen zu den Bergen der Welt, Klettertouren auf allen Kontinenten, bleibt für mich der erste Eindruck der nahen Dolomiten – erlebt 1949 auf der Gschmagenhartalm – mein gewaltigster von den Bergen. Genau dort, wo ich damals aus dem Wald auf die Wiese trat, baute ich später eine Hütte, die mir heute noch Zuflucht ist. Es ist mir gelungen, an jeder der Nordwände der einzelnen Geisler-

Kaminkletterei in der Nordwand des Campiller Turms. Die Nordwände der Geislerspitzen sind bis zu 800 Meter hoch. Ihr stark verwitterter Fels ist eine ideale Kletterschule.

Rastplatz unter der Mittagsscharte. Wie viele hundert Mal bin ich von Villnöß über Pana- oder Mittagsscharte an die Südseite der Geislerspitzen gewechselt? Immer zu Fuß.

»Die Dolomit-Berge ... sind anders als all die Berge der Alpen. Sie ziehen die Aufmerksamkeit der Reisenden durch ihre Einzigartigkeit, ihre eigenartigen Formen, mit ihren bizarren, nackten und zerrissenen Felsspitzen, Zinnen und Gipfeln auf sich. Einige erheben sich wie Obelisken, andere wieder wie spitze Türme; dann gibt es wieder gezähnte Felsen, dem Gebiss eines Alligators gleich.«

Aus Murrays Handbook »Southern Germany«

»So viele Dolomitenzinken ich in Venetien und Tirol gesehen habe, den Geislerspitzen kommt an Jähe und Zerrissenheit nichts gleich von all dem, was da aufstarrt zwischen Eisack, Rienz und Piave.«

Heinrich Noë

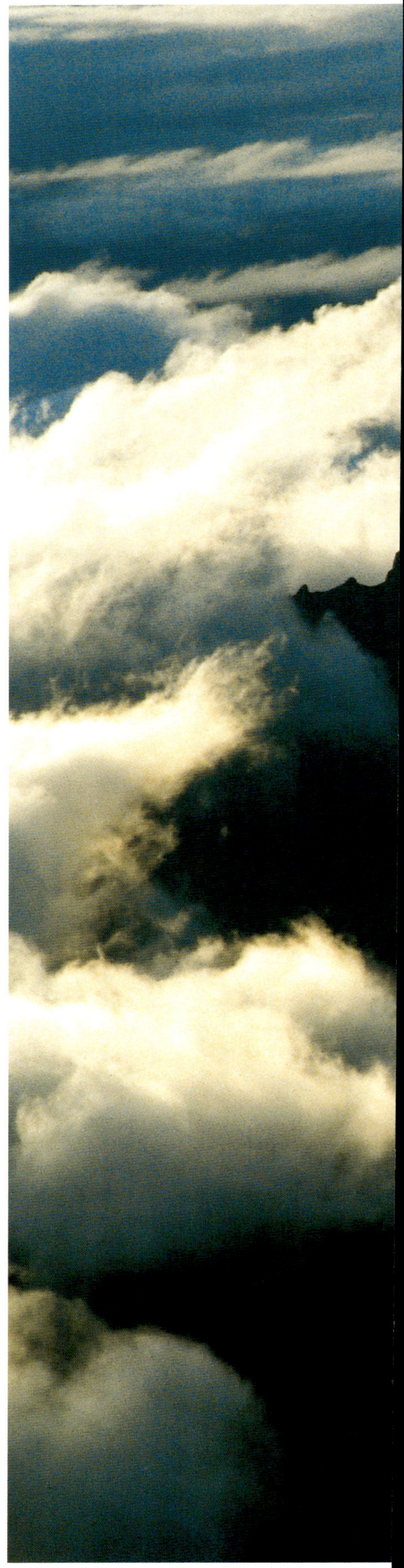

Links: Die Kleine Odla mit ihrem Trabanten an der Ostseite, Piz Zack genannt.

Rechts: Seceda, Kleine und Große Fermeda, Villnösser Turm, Cisles Odla, Kleine und Große Odla sowie Sass de Mesdì von Süden.

Die kleinen Geislerspitzen von Norden. Zur Mittagsscharte links führt im Winter eine beliebte Skitour.

spitzen eine neue Route zu finden – mit Ausnahme der Odla di Valdussa und der Seceda-Wand, die später Kletterer aus dem Grödental meisterten. Wir aber spähten früh schon zu unseren Nachbarn und zur Stevia-Wand hinter den Geislerspitzen, die jener großartige Kletterer erstbegangen hatte, den wir mehr bewunderten als alle anderen: Johann Baptist Vinatzer.
Es war ruhig auf der Cisles, als ich den Nordwandriss an der Stevia mit Heini Holzer wiederholte. Die Seilbahn und der Gondellift standen seit einiger Zeit still. Wir wanderten von St. Christina hinauf zur Regensburger Hütte. Rotgelb standen die Lärchen in den dunklen Zirbenbeständen. Die sonnigen Südwände der Geislerspitzen hoben sich scharf von den braungelben Almmatten ab. Kein Mensch weit und breit. Nur Stille, Felsen und ab und zu der Warnpfiff

»9.9.59 – Normalweg

Sepp Meßner, Lehrer, Villnöß, mit seinen Buben Günther, 13 Jahre alt, Reinhold, 14 Jahre alt, Helmut, 16 Jahre alt in zwei Seilschaften. Reinhold führt Günther.

Josef Messner«

Eintrag im Gipfelbuch auf der Furchetta

**Mitten durch alle vier Türme der Geislerspitzen legte ich eine Neutour.
Rechts im Hintergrund die Stevia-Wand.**

Auch diese Alm – Gschmagenhart – hat sich verändert: einst eine Oase der Ruhe, heute Ziel vieler Wanderer.

eines Murmeltiers. Das war Cisles, die Cisles-Alpe, wie ich sie aus meiner Kindheit kannte.

Es war taghell, als wir anderntags die Hütte verließen. Schwere Wolken zogen über den Himmel und auf dem Langkofel hockte bis tief unter die Pichl-Warte ein grauer »Hut«. In einer knappen Stunde stiegen wir zum Fuß des überhängenden Risses hinauf. Schon in den ersten hundert Metern hängt er gut zehn Meter weit über. Ich spreizte weit draußen an den Felsen hinauf. Der Fels war schlecht, alle Griffe locker. Zwischenhaken steckten keine. Ein Dachüberhang folgte. Unter mir sah ich die Blöcke im Kar. Zum Glück war das Gelände danach nicht mehr so schwierig. Wir querten nach rechts und stiegen aus – auf eine Almwiese. Wir legten uns auf das Gras und sahen voller Lebenslust in das Grau des Himmels.

Die Puez-Hochfläche. Am Horizont links die Fermeda-Türme.

Puez-Eindrücke

Ich war ein Knirps von acht Jahren. Eine meiner längsten Bergwanderungen damals war ein Marsch von St. Peter in Villnöß über St. Magdalena aufs Kreuzjoch und weiter über die Roa-Scharte in die Puez-Gruppe. Dieser flache Teil der Dolomiten war für mich Neuland. Ich empfand ihn als Wüste. Da lief ich nun auf der Puez-Hochfläche über Karrenfelder, Schutt und Schnee, aus denen kegelförmige Härtlinge ragten, und kam mir vor wie auf dem Mond. Nein, all das, was ich sah, hatte mit meinem damaligen Bild von den Dolomiten nichts zu tun. Viel später erst – mit dem Wissen um die Geologie und die Entstehungsgeschichte unseres Gebirges – habe ich diesen Teil meiner »Heimatberge« verstehen und schätzen gelernt.

Im Südosten der Geislerspitzen und im Westen des Abteitals erhebt sich, wie in den Himmel gehoben, ein ausgedehntes Hochplateau: die Puez-Gruppe. Einige markante Gipfel an ihren Rändern werden bestiegen oder als Aussichtsgipfel besucht: Klettertouren unternimmt hier niemand. Nur Sass Songher, Cir-Spitzen und Col Turond sind begehrte Ziele von Wanderern und Kletterern. Das Charakteristische an dieser Hochfläche sind die Karrenfelder, die Weite, die Stille. Ja, die Puez-Gruppe gehört zum ruhigsten Teil der Südtiroler Dolomiten. Modekletterei wie in der Sella, westlich des Grödner Jochs, kommt hier nicht vor.

So kam ich also am Ende des langen Marsches erstmals zum Grödner Joch. Alles zu Fuß natürlich. Über St. Christina, die Cisles-Alpe und die Pana-Scharte kehrte ich am gleichen Tag nach St. Peter in Villnöß zurück. Ich war damals ein verschüchterter Bub, aber neugierig, naturbegeistert und zäh. Nur etwas naiv, was die große, weite Welt betraf. Ich musste mir einen Maßstab für diese Welt erst noch suchen. Dieser Fußmarsch damals war bestimmt über vierzig Kilometer lang gewesen – sehr weit auch für mich, obwohl ich durchaus an Arbeit und lange Märsche gewöhnt war. Fasziniert von der Hochfläche des Puez bin ich heute noch. Sie steht in vollkommenem Gegensatz zu den gezackten, zerrissenen Geislerspitzen. Dolomiten bedeutet für viele nur: Almwiesen, Kare, Zirbelwälder, Felsklötze und senkrecht aufragende Türme! So abweisend und unzugänglich mir diese Felsen einst erschienen waren, so unzugänglich kommen sie mir heute wieder vor. Gleichzeitig ist die Puez-Gruppe so herausfordernd mit ihren versteckten Schluchten und Flächen für mich geworden.

Links unten:
Wie ein Schiffsbug – aber hundertfach vergrößert – ragt der Sass Songher auf.

Rechts unten:
St. Magdalena im hinteren Villnößtal mit den Geislerspitzen.

»Nur in einem Heißluftballon am Himmel kann man in kürzester Zeit eine längere Strecke als ich zurücklegen.«

Déodat de Dolomieu

»Die Dolomiten sind so einzig in ihrer Art, dass sie mit nichts sonst in den Alpen verglichen werden können.«

Theodor Wundt

Peitlerkofel-Tage

Als ich zum ersten Mal auf den Peitlerkofel steigen wollte, war ich unsicher. Jahre später erlebte ich mit Heini Holzer einen fürchterlichen Wettersturz in der Westwand.
Als der Wolkenbruch, der über die westlichen Dolomiten niedergegangen war, sein Ende gefunden hatte, stand die obere Wandhälfte in Weiß: Schnee lag auf jeder Leiste, Eis in den Ritzen. Ein eiskalter Wind schlug jetzt gegen die triefende Mauer. Er peitschte das von den Schlussüberhängen herabtropfende Wasser an die gelbgraue Peitler-Westwand. Unsere Hoffnung, am selben Tag noch aus der gefürchteten Schließler-Route herauszukommen, lag unter einem Eispanzer begraben.
Triefend nass stand ich auf einer abschüssigen Felsleiste und sicherte. Heini, über mir kletternd, hielt sich trotz Eis, Wasser und Schwierigkeiten am senkrechten Fels fest. Am Standplatz angekommen, meinte er: »Wir müssen biwakieren!« Ich stieg nach. Zitternd vor Kälte, spuckend, ängstlich stand ich dann beim Seilpartner und wusste wie dieser: »Wenn wir heute nicht hinauskommen, müssen wir erfrieren.« Denn jetzt war auch er unterkühlt. Ich stieg an Heini vorbei, sah, wie er schlotterte, und wollte schneller klettern. Ich wusste: Das nun folgende Klettergelände war extrem schwierig und Schnee lag auf jedem Griff. Aber wir mussten weiter. Ich fühlte es.

Die Hochfläche der Gardenaccia mit dem eigenwilligen Härtling des Col de la Soné. Dahinter der Peitlerkofelstock zwischen Puez und Zentralalpen.

Die »Aferer Geisln« mit dem Peitlerkofel als östlichem Abschluss.

Wie ein Naturgesetz. Ein Rückzug wäre noch riskanter gewesen. Das Wasser rann aus den Schuhen. Der Schnee schmolz unter klammen Fingern. Nur wenn der Fels unter der Wärme der Hände wieder rau war, konnte ich eine weitere Kletterbewegung ausführen. Es war ein grauenvolles Vorwärtskommen – stundenlanges Versuchen, Angstzustände, Hoffnungslosigkeit. Wieder hatte ich eine Leiste erreicht, richtete an drei Haken meinen Standplatz ein, ließ Heini nachkommen. Er war froh, endlich klettern, steigen, sich bewegen zu können. Ja, das Sichern, Stehen war jetzt schwieriger als das Klettern.
Es ist selbstverständlich unter Bergsteigern, dass man sich in schlimmen Situationen gegenseitig Mut zuspricht. Und wir machten uns Mut. Trotzdem wusste jeder – es geht ums Überleben.

Der Peitlerkofel vom »Halsl« aus gesehen, einem Übergang zum Gadertal. Rechts der Kleine Peitler.

»Eines nach dem anderen erforscht Dolomieu Gebiete der Westalpen, der Zentralalpen, der Ostalpen: Außer der schon erwähnten Reise nach Tirol von 1789 begibt er sich 1793 und 1794 nach Savoyen, 1796 in die Vogesen, die Dauphiné und wieder nach Savoyen; 1797 erforscht er das Aostatal samt allen Nebentälern, das Val d'Ossola und das Tessin, den Oberalp und den Jura. Diese sollte seine letzte große Forschungsreise sein.«

*»Unglaublich auch seine Fähigkeit, das Schlafbedürfnis zu unterdrücken und seine körperliche Ausdauer, die ein normales Maß weit überstieg: Er konnte mehrere Tage lang auf Schlaf völlig verzichten und 64 Stunden in einem Zug reiten, wobei die Pferdewechsel seine einzigen Pausen waren.
Ab und zu versuchte er sich auch an der Besteigung einiger Berggipfel, nicht selten dabei das Leben aufs Spiel setzend.«*

Luigi Zanzi

Eine der vielen Almhütten am Nordfuß des Peitlerkofels, in denen wir vor unseren Erstbegehungen mit Vorliebe nächtigten.

Die Westwand des »Peitler«, von Schließler und Mayr erstbegangen, ist eine extrem schwierige Route geblieben.

»Dolomiten! Seit ich sie zum ersten Mal gesehen, lassen sie mich nicht mehr los. Sind es die landschaftlichen Gegensätze oder die gigantischen Felsbauten, die mich anziehen? Während ich hier sitze und schreibe, bin ich in Gedanken dort, wo Fels lockend und abschreckend zugleich in den Himmel ragt, in den Dolomiten.«

Martin Schließler

Der Peitlerkofel, als nördlicher Eckpfeiler der Dolomiten, zählt zu den beliebtesten aller Aussichtsberge. Der Gipfel ist von Süden über eine gesicherte Steiganlage zu erreichen. Im Norden bricht er mit einer 600 Meter hohen Wand ab.

Dieses Warten an jedem Standplatz! Diese Kälte! Sie kroch durch die Füße höher, schüttelte mich, ängstigte. In der Ferne hörten wir erneut Donner. Ein zweites Unwetter drohte. Wie ein Todesurteil hingen schwarze Wolken am Himmel. Weiter! Es war jetzt, als ob uns nur noch der Instinkt programmierte. Es zählte nur noch das Tempo und wir setzten alle Kraft daran schneller zu klettern, zu überleben. Gegen Abend waren wir auf dem Gipfel. Und als es dunkel wurde beim Abstieg, bemerkte Heini so nebenbei: »Wenn wir jetzt noch in der Wand wären, wären wir nicht mehr lange.« Nicht mehr lange am Leben, meinte er.

Rückblick

»An den südlichen und östlichen Grenzmarken Tirols breiten sich die Dolomit-Landschaften auf weiten Flächen aus. Wir verstehen darunter jene Gebirgsgruppe – die Dolomiten – die im Osten vom Sextental und dem Piave, im Süden von der Brenta, im Westen von der Etsch und dem Eisack, im Norden von der Rienz und der Drau begrenzt wird. Voll landschaftlicher Schönheit, wie im ganzen weiten Reich der Alpen vielleicht keine zweite, nimmt unsere Gruppe in Beziehung auf die Mannigfaltigkeit der Eindrücke, die sie dem Reisenden entgegenbringt, den ersten Platz ein.«

Paul Grohmann

Aus den Anfängen der Dolomiten-Erschließung: Bergbauernidyll im hinteren Sextental.

Von Anfang an haben die Drei Zinnen großen Eindruck auf Forscher und Künstler gemacht.

»Mein Interesse für die Geschichte der Erschließung ist fast so alt wie meine Begeisterung für das Klettern.«

Reinhold Messner

»In drei mächtigen Absätzen führt die neue, große Dolomitenstraße von Bozen nach Cortina d'Ampezzo und Toblach. Dabei überwindet sie drei gewaltige Passhöhen und durchquert das Wunderland der Tiroler Dolomiten in seiner ganzen Breite und in seinen großartigsten Teilen: Von Bozen über Karersee und den Karerpass (1753 m) nach Campitello (ladinisch: Tschampedél) und Canazei (ladinisch: Tschanatschei) im Fassatale, von Canazei über das Pordoj-Joch (ladinisch: Pordoj-P., 2242 m) nach Buchenstein (ladinisch: Pliè de Fodom) und von Buchenstein über den Falzaregopass (ladinisch: Fauzáre-P., 2117 m) nach Cortina im Ampezzaner Tale und weiter hinaus über Peutelstein nach Toblach im Pustertale. Von Bozen nach Cortina sind es rund 112 km, von Bozen nach Toblach 142 km.«

Theodor Christomannos

Vorhergehende Doppelseite: Die Rosengartengruppe von Süden: Stahlstich aus »The Dolomite Mountains« von J. Gilbert und G. C. Churchill.

Die Tofane und dahinter der eisige Saum der Zillertaler Alpen.

Cortina mit der Tofana-Gruppe
um 1800.
Aquarell von Thomas Ender.

Aquarell von Thomas Ender:
Der Monte Cristallo, von Norden
gesehen.

John Ball, Bergsteiger und Wissenschaftler, stand vermutlich als Erster auf dem Gipfel des Monte Pelmo.

Der Monte Pelmo ist einer der eindrucksvollsten Dolomitenberge. Fast tausend Meter hoch ragt er aus dem Grün steil in die Höhe.

Stahlstich: Monte Pelmo von Süden, von wo aus der leichteste Anstieg zum Gipfel führt.

»Erst mit dem Aufblühen der Alpinistik in Tirol und dem Bau einer kunstvollen Fahrstraße von Kardaun bei Bozen durch die Schluchten des Eggentales nach Welschnofen, Ende der Fünfziger- und anfangs der Sechzigerjahre des vorvorigen Jahrhunderts, rückten die ersten Pioniere der Alpinistik auch bis in die weltabgeschiedene Wildnis dieser Berge vor. Paul Grohmann und die Engländer Gilbert, Churchill und Tucker durchstreiften das Gebiet der Dolomiten und bestiegen die Gipfel (Tucker als Erster 1874 den Rosengarten) und einheimische Künstler, die Landschaftsmaler Gottfried, Gustav und Ignaz Seelos und der Autodidakt Karl Moser aus Bozen, sowie der Künstlerphotograph Emil Lotse aus München sammelten zahlreiche Studien und verkündeten in herrlichen Bildern die hohe landschaftliche Schönheit der Bozner Dolomiten. Albert Wachtler aus Bozen, ›der Dolomitenvater‹, wagte sich als erster führerloser Kletterer an die Erstlingsersteigung der schwierigsten Gipfel und Türme.«

Theodor Christomannos

Zehn Jahre lang kletterte ich, ohne mich um die Geschichte des Bergsteigens zu kümmern. Dann erst wurde ich neugierig auf die Vorläufer. Die Dolomiten gehören zu den spät erschlossenen Gebirgsgruppen der Alpen. Nahezu alle Viertausender der Alpen waren erstiegen, da galten so dominierende Gipfel wie Marmolada, Drei Zinnen und Pelmo noch als unbesteigbar. Erst um die Mitte des neunzehnten Jahrhunderts kam es zur ersten »Erschließungswelle« in den »Bleichen Bergen«. Zuerst kamen die Engländer. John Ball bestieg den Monte Pelmo, Gilbert und Churchill veröffentlichten ihr Buch »The Dolomite Mountains«. Freshfield und Tuckett folgten.

»Dreischusterspitze. Die ersten Versuche gingen von Paul Grohmann im Jahre 1867 aus. Er veranlasste in diesem Jahre den alten Steinmetz in Sexten zu einer Recognoscirungstour. Ein Versuch im nächsten Sommer, an dem Grohmann persönlich teilnahm, schlug infolge schlechten Wetters fehl.«

Carl Diener

Links: Die Dreischusterspitze mit den Drei Zinnen im Hintergrund, Ziele von Paul Grohmann.

Rechts: Paul Grohmann erreichte am 18. Juli 1869 den Gipfel der Dreischusterspitze. Es war eine seiner schwierigsten Klettereien.

Peter Salcher, Franz Innerkofler und der Sohn des alten Steinmetzes aus Sexten bei der Erstbesteigung der Dreischusterspitze.

»Die Leute gingen in Socken, ich in sogenannten ›Scarpetti‹, einer Art Pantoffeln, deren Sohlen aus Zwirn genäht sind und die in den venetianischen Landschaften von Comelico und Friaul allgemein verbreitet sind. Ganz abgesehen davon, dass man in solchen Pantoffeln auf dem steilsten Felsen sicheren Tritt hat, erspart man sich die schweren, heiß machenden Bergschuhe.«

Paul Grohmann

Ludwig Purtscheller, der die Große Fermeda vergeblich versucht hat, war einer der erfolgreichsten Bergsteiger vor 1900.

Emil Zsigmondy, ein »Führerloser«, war der Sprecher einer jungen Bergsteigergeneration in den achtziger Jahren des 19. Jahrhunderts.

Die Geislerspitzen von Westen gesehen. Der Große Fermedaturm überragt die anderen Gipfel der kleineren Geislerspitzen deutlich.

»Am 4. August 1887 sollte die Südwand der großen Fermeda versucht werden. Compton und Martin hatten sich mir bereitwillig angeschlossen, und um auch größeren Schwierigkeiten gewachsen zu sein, hatte ich Bettega als Führer gewonnen. Um 6 Uhr früh saßen wir an dem Brunnen auf der Cisles Alpe, westlich von Piëra Longia. Mit dem Fernrohr stellte ich die Besteigungslinie bis zum Gipfelgrat fest und zeigte sie Bettega, der voll froher Hoffnung war. Nach halbstündigem Aufenthalt betraten wir den östlichen der grasbewachsenen Einschnitte, kletterten dann aus ihm nach rechts hinaus, zwängten uns durch einen engen Kamin und erreichten ein spärlich bewachsenes Felsband. Dies führte in westlicher Richtung zu einer plattigen Felswand, über die wir emporkletterten, um uns dann nach rechts zu wenden und durch einen Kamin auf den Gipfelgrat zu gelangen. Über dessen sehr scharfe und schmale Schneide erreichten wir die Spitze.«

Karl Schulz

»Der kleinste der 3 Türme von Vajolet im Rosengarten, ›absolut unbesteiglich‹, wie Herr Merzbacher sagte, ist der kühnste Felszahn, den ich je gesehen; die kleinste Zinne, Croda da Lago und alle anderen Dolomitenberge sind gegen diesen Turm plumpe Gestalten; und erst die Ersteigung, (die ich am 17. September ausführte) ist eine köstliche Unterhaltung, die keine Langeweile aufkommen lässt.«

Georg Winkler

Georg Winkler war ein Felskletterer ohnegleichen. Als Vertreter einer neuen Sachlichkeit eroberte er mehrere »unmögliche« Felstürme, ehe er, 17-jährig, am Weißhorn im Wallis verschollen blieb.

Abgespalten von den Haupttürmen steht der Winklerturm in der Vajolet-Gruppe. Eigenwillig wie sein Erstbesteiger, Georg Winkler, an den er erinnert.

»Wenn nach einem Gewitter der Nebel verzieht und seine letzten Flocken und Fetzen eben noch an den äußersten Zacken und Türmen haften, erglänzen die Kalkgerüste unter den Strahlen der Nachmittagssonne durch die dünne Nebelschicht im magischen, vom tiefen Blau des Himmels sich abhebenden Silberglanz.«

Emil Zsigmondy

Der Cimone della Pala nach einem Gewitter. Die Westwand, von Leuchs im Alleingang erstbegangen.

Michele Bettega, der erfahrenste, umsichtigste Dolomitenführer seiner Zeit, mit Klienten am Cimone.

Gipfelglück: Nicht nur die Ausrüstung, auch das Wissen um Wetter und Weg war damals beschränkt.

»Die erste Kunde von der grotesken Schönheit der Pala-Gruppe drang etwa um die Mitte der Sechzigerjahre in alpine Kreise. Die ersten Hochtouristen, welche in der Pala-Gruppe erschienen, waren Freshfield, Backhouse, Fox und Tuckett, die im Jahre 1865 mit den Führern François Dévouasoud von Chamonix und Peter Michel aus Grindelwald das Hochplateau nach verschiedenen Richtungen überschritten.«

Gustav Euringer

Oben: Horizontale und vertikale Welt – die Pala di San Martino und das Hochplateau der Pala. Dahinter die südöstlichen Dolomiten.

Rechts: Michele Bettega als Seilerster. Er besaß den Instinkt der Routenfindung und die Gabe der Entscheidung. Er war ein Genie am Fels.

Der erfolgreichste Dolomitenerschließer der ersten Stunde ist der Wiener Paul Grohmann. Der »Eroberer« der Marmolada. 1869 erreichte er endlich auch den Hauptgipfel des Langkofels, 3181 Meter hoch. Grohmannspitze, Innerkoflerturm und Zahlkofel sind die weniger beachteten Zacken in diesem gewaltigen Massiv, ladinisch »Sasslong« genannt, was »langer Stein« bedeutet. Die »kleineren« Nachbarn der höchsten Gipfel wurden erst in einer zweiten Phase, einer Art »Nachlese«, erstererschlossen. Inzwischen war die Dolomitenstraße gebaut worden und das Klettern zum selbstverständlichen Tun im Dolomitenraum geworden. Mit den sich verästelnden Dolomitenstraßen erschloss sich nicht nur das Potenzial des Tourismus in den Dolomiten – Hotels wurden gebaut, Aufstiegsanlagen geplant, Klettersteige angelegt: Alle bedeutenden Dolomitengruppen – Pala, Civetta, Schiara – wurden rasch erreichbar. Damit kamen die Bergsteiger vielerorts mit viel kürzeren Anmarschwegen an die Einstiege der großen Wände heran. Als die letzten der berühmten Felstürme – Guglia di Brenta, Campanile di Val Montanaia – erklettert waren, wagten sich die besten unter den Bergführern und »Führerlosen« an die Südwand der Marmolada, die Nordwestwand der Civetta, die Laurinswand im Rosengarten.

Glanzleistung: Michele Bettega (oben), Beatrice Tomasson (links) und Bortolo Zagonel kletterten 1901 durch die Südwand der Marmolada. Nur an einer Stelle, ganz links, war die Marmolada-Südwand, eine der gewaltigsten Wandfluchten der Dolomiten, 1901 erkletterbar.

»Am Morgen des 1. Juli begann Miss Beatrice Tomasson aus England, in Begleitung von zwei Führern aus San Martino, Bettega und Zagonel, den Aufstieg über die Marmolada von der Ombretta-Contrin-Seite. Die Kletterei war ein Erfolg, aber es kostete sie 12 Stunden bis zur Spitze, weil sie in ein fürchterliches Gewitter gerieten.«

Nina Callegari, 4.7.1901

»Aus einer tiefen Schlucht erhebt sich ein riesiger Obelisk, die Guglia di Brenta (2908 m), kühner noch als die Dent du Géant der Montblanc-Gruppe, vielleicht das wunderbarste Felsgebilde der Alpenwelt. Gegen 300 Meter steigt die Säule schlank und so senkrecht, wie eine Felszinne nur zu sein vermag, über ihre Basis empor; nur im Westen stützt sie ein kräftiger Pfeiler. Ein Versuch zu ihrer Ersteigung ist bisher nicht gemacht worden.«

Karl Schulz

Der Campanile Basso, auch Guglia di Brenta, war – ehe Ampferer und Berger den Gipfel erreichten – eine der letzten Herausforderungen in den Dolomiten.

Mehr an Neutouren als Angelo Dibona hat in den Dolomiten niemand geschafft. Luigi Rizzi, Rudolf Fehrmann und vor allem Gabriel Haupt waren ihm ebenbürtig, aber sein Instinkt für das Mögliche in großen Wänden ist unübertroffen.

Paul Preuß, in der Ostwand der Guglia di Brenta (Campanile Basso) war und bleibt der Ideator der modernen Freikletterei: Seine Philosophie ist nicht elitär, sie ist getragen vom Wunsch, das Unmögliche als nachhaltigen Erfahrungsraum für selbstverantwortliches Klettern zu retten.

»Wand der Wände« nannte Domenico Rudatis die Nordwestwand der Civetta: 1200 Meter hoch, extrem schwierig, brüchig, steinschlaggefährdet.

Der Münchner Emil Solleder, Amateur und Bergführer zugleich, war um 1925 der beste Kletterer der Welt und Dolomiten-Pionier.

»Nach dem Ersten Weltkrieg hielt wiederum kämpferisch-frohe Jugend Ausschau nach Aufgaben und Problemen im Dolomitenraum; prächtige, wagemutige Menschen traten an: Emil Solleder, Hans Steger, Walter Stösser, Hubert Peterka, Leo Rittler, Hias Auckenthaler aus dem Norden, Domenico Rudatis, Emilio Comici, Attilio Tissi und Alvise Andrich aus dem Süden. Damit seien nur einige der hervorragendsten Kletterer des jungen Geschlechts genannt. Dolomitenstürmer der Neuzeit!«

Fritz Schmitt

1900. Eine neue Epoche hatte begonnen: das Klettern als Selbstzweck. Die junge Klettergeneration suchte immer schwierigere Wege. Bis in unsere Tage, in denen die größten Überhänge frei gemeistert werden. Auch mitten im Winter. Dabei waren Motive und Ziele nicht immer eindeutig benennbar. Auch die Felsen sind ja in Wirklichkeit nicht so stabil, wie sie uns erscheinen: Wie alle Gebirge der Welt ist auch der Dolomitfels brüchig und fragil, vergänglich also. Im ersten Jahrhundert des Dolomiten-Kletterns war das nicht anders, und doch hinterließen uns die Pioniere Grohmann, Winkler, Innerkofler in ihrer Beschreibung der Dolomiten den Eindruck von Stabilität. Als wären diese zerbrechlichen Felsen von bemerkenswerter Festigkeit. Dabei war nur das Weltbild der damaligen Akteure stabiler als das unsere. Ja, diese Pioniere waren privilegiert, stiegen sie doch in eine geheimnisvolle und gleichzeitig zeitlose Welt. Wer im Geist mit ihnen die Felsen emporsteigt, weiß genau, wo der Aufstieg verläuft.

Alleghe mit der Civetta-Wand. Diese Felsen sind seit mehr als hundert Jahren Herausforderung und Ziel für die besten Kletterer aus aller Welt.

»Wer dieses Leben voll ausschöpfen will, muss etwas wagen«, sagte Emilio Comici und bezwang 1933 erstmals die Nordwand der Großen Zinne. Damit hatte eine vorletzte Epoche des Dolomitenkletterns begonnen: gekennzeichnet durch den vermehrten Einsatz von technischen Steighilfen.

Überall in den Dolomiten wurden in der Direttissima-Zeit überhängende Wege erschlossen, so auch am Piz Ciavazes. Heute gehört es wieder zum guten Stil, die Hakenwege frei zu klettern. Diese älteste und junge Disziplin des Kletterns hat allerorts Anhänger und deren Können ist zum Teil phänomenal.

Die Zinnen-Direttissima, 1958 von Brandler, Hasse, Lehne und Löw erstbegangen, bedeutete einen neuen Wendepunkt im Dolomitenklettern. Der Bohrhaken gehörte jetzt zur Arbeitsmethode. Im Sommer 1987 kletterte Kurt Albert diese Route »frei«, gesichert natürlich an den zwischen 1956 und 1987 geschlagenen und gebohrten Haken.

»Die Nordwand der Großen Zinne ist 550 Meter hoch, vollkommen senkrecht. Das höchste Gebäude, das ich bis dahin gesehen hatte, war ein Kirchturm. Diese Wand ist fast 5 mal höher, der Fels brüchig und kleinsplittrig.«

Reinhard Karl

»Eine außerordentlich breite Wand, die sich auf einem Schneesockel in einem einzigen Schuss, ohne Unterbrechung, ohne Atemholen über 500 Meter in den azurblauen Äther emporschwingt.«

Emilio Comici

»10 cm Neuschnee bedeckten Tritte und Griffe. Der Sturm wütete! Der Schwierigkeiten wegen musste ohne Handschuhe geklettert werden, immer wieder blieben winzige Hautfetzen an Karabinern und Haken hängen.«

»Wo man im Sommer elegant an winzigen Griffen und Haken hochklettert, war es jetzt ein aufreibendes Mühen um jeden Meter.«

Konrad Renzler

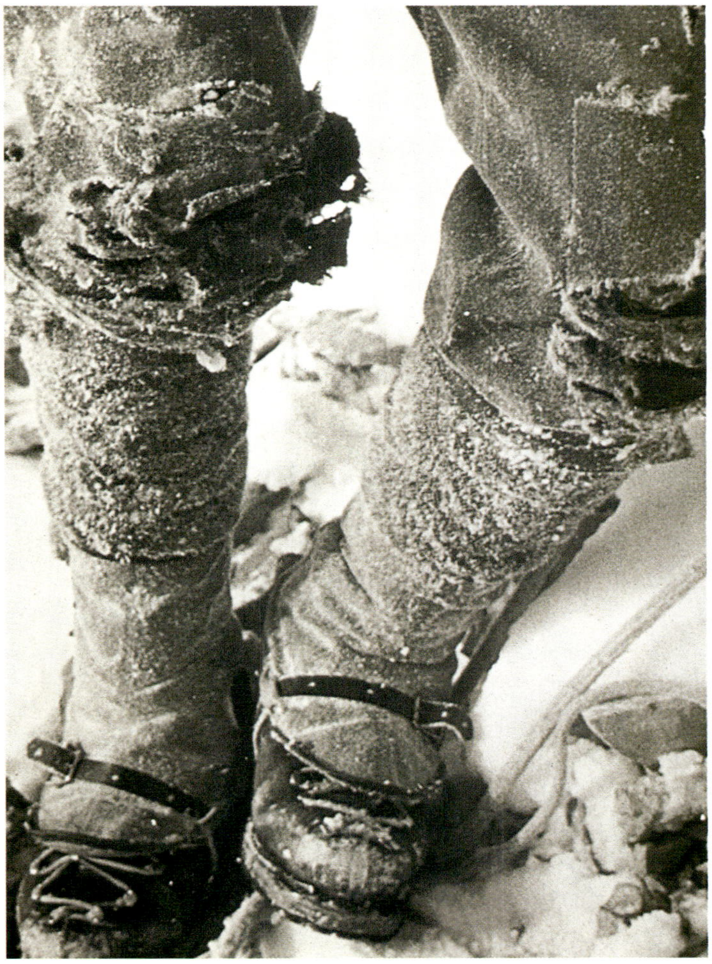

Links: Die winterlichen Sextener Dolomiten. In der Mitte der Zwölferkofel.

Rechts: Februar 1962 gelang Konrad Renzler und Siegfried Baumgartner die erste Winterbegehung der Schranzhoferroute am Zwölfer – eine großartige Leistung damals.

Die Ausrüstung vor vierzig Jahren war »primitiv«, Können, Erfahrung und Begeisterung der Aktiven umso größer.

Der Schlern, eines der Wahrzeichen Südtirols, und die Schlernhäuser mit Blick auf den Rosengarten.

Nicht mehr wissenschaftliche Erkenntnisse suchten die Bergsteiger um 1900, sondern neue Wege. Zum Stolz der alpinen Vereine gehörten inzwischen die Schutzhütten.

»Der Schlern ist ein Korallenriff, und die ganze Schlern-Dolomitformation ist auf gleiche Weise durch tierische Tätigkeit entstanden.«

Ferdinand Freiherr von Richthofen

Instinktiv wussten die Pioniere, wo Hände und Füße hinzusetzen waren. Um höher und höher zu kommen, folgten sie ihren Instinkten, Bändern und Rissen im Fels. Meist kehrten sie über die Aufstiegswege zurück ins Tal und erzählten von einem Zauberreich, das hoch über der Menschenwelt liegt. Wie der Rest der Welt war also auch die vertikale Arena der Dolomiten erklärbar und der Kletterer in der Lage, Zweck und Sinn seines Tuns zu benennen. Hundert Jahre später wird mit Lionel Terray Bergsteigen zur »Eroberung des Nutzlosen«. Aber erst mit Reinhard Karl, Gian Piero Motti, Manolo, Heinz Mariacher und Alexander Huber beginnen die Zweifel. Als würden die Dolomitenwände immer brüchiger, der Weiterweg gegenüber dem Sinn mehr und mehr von Überhängen versperrt. Nein, nicht dass ihre Hände oder Füße zittern, der Fels bricht so leicht. Und doch erfindet die junge Klettergeneration ihre Welt, die vertikale Wildnis über den Karen, immer wieder neu.

Im Winter vor allem sind die Hütten eine nützliche Infrastruktur, ohne die längere Bergtouren nicht denkbar sind.

Viele Schutzhütten, auch die Drei-Zinnen-Hütte (beide Aufnahmen), sind zu komfortablen Aussichtsstützpunkten geworden.

»Die schönen Berge blieben durch lange Jahrhunderte nur ein Märchenland, da bloß raue Bergpfade und unwirtliche Täler zu ihnen emporführten, die die Städter niemals betraten.«

Theodor Christomannos

Die berühmte Dolomitenstraße, die mit ihren Nebenlinien von Bozen nach Cortina d'Ampezzo und Toblach führt, hier mit Gadertal (links) und der Tofana di Rozes.

»Die Dolomiten waren eine Sehenswürdigkeit geworden, ein magnesiasaurer Magnet, ein Begriff, der aus dem Auf und Ab des Bergsteigens, des Alpenvereins und auch des magnesiasauren Geologen nicht mehr wegzudenken ist.«

Walter Schmidkunz

Links: Die »große Dolomitentour« von Bozen über den Karerpass nach Canazei, weiter über den Pordoi-Pass nach Buchenstein und über den Falzarego-Pass nach Cortina endet in Toblach.

»Selbst die Bauern und Hirten der benachbarten kleinen Bergorte näherten sich den ausgedehnten Hochwäldern und Alpenmatten am Fuße der Felswände nicht ohne Schauder, da sie sie als den Lieblingsaufenthalt aller bösen Geister, zahlreicher Riesen und anderer Unholde betrachteten, wenn sie auch von der Laurinsage selbst keine Kenntnis hatten und den gewaltigen Rosengarten kurzweg den ›Föderer Kofel‹ (den vorderen Kofel) nannten.«

Theodor Christomannos

Der Sella-Stock, im Hintergrund die Marmolada.

Heute, da im Dolomitenraum jeder kleine Weiler, ja fast jeder Berghof mit dem Auto erreichbar ist, mag die Dolomitenstraße als eine Selbstverständlichkeit erscheinen. Im 19. Jahrhundert jedoch war die Anlage eine gewaltige straßenbautechnische Leistung; Pionierarbeit. Tourismuswirtschaft, Handel und Bergsteigen nahmen mit dem Straßennetz einen enormen Aufschwung.

»Mit der allmählichen Umwandlung der alten Handelsstadt Bozen in eine Fremdenstadt allerersten Ranges wurden der Rosengarten und der Schlern direkt zum Wahrzeichen der Stadt, und der erste bewundernde Blick jedes Fremden bei der Ankunft in Bozen gilt jetzt diesen Bergen. Rosengarten und Latemar aber bilden nunmehr das ›Tor der Dolomiten‹, durch das jährlich viele Tausende von Touristen in das geheimnisvolle Gebiet der Dolomiten eintreten, an dessen hervorragendsten Punkten der Deutsche und Österreichische Alpenverein prächtige Schutzhütten errichtet hat. Durch dieses Tor führt auch die neue, große Dolomitenstraße, die unsere Berge dem großen Strome der verwöhnten Reisenden erschließt.«

Theodor Christomannos

»Diese 55 Dachmeter werden zu einem Ultramarathon für die Unterarme. Sportklettern im XI. Schwierigkeitsgrad wie im Klettergarten – nur mit dem feinen Unterschied, dass die Sicherungsmittel Spezialitäten aus der ›Technokiste‹ sind, in Löchern verkeilte Profilhaken, feine Messerhaken in stumpfen Rissen, an denen der Normalbürger nicht einmal seinen Wintermantel aufhängen würde. Dazu endlos unvorstellbar ausgesetzt.«

Alexander Huber

»Inzwischen ist ›Bellavista‹, die schwierigste alpine Kletterei weltweit (2001) wiederholt und die Schwierigkeit (XI) bestätigt. Alexander Huber hat also eine neue Dimension des Freikletterns aufgezeigt.«

Reinhold Messner

Alexander Huber, zur Zeit der weltbeste Alpinkletterer, im Dachüberhang an der Nordwand der westlichen Zinne. Seine Route »Bellavista«, im Winter erstbegangen, konnte er im Sommer 2001 frei klettern. Dabei handelt es sich wohl um die schwierigste Freikletterei der Alpen.

Sella-Fels

Alle Klettersteige, viele Skitouren und so manchen Wanderweg bin ich in der Sella-Gruppe gegangen, nichts hat mich so begeistert wie der griffige senkrechte Fels zwischen dem Pordoi- und dem Grödner Joch. Die kühnste Route, wenn auch kurz, die mir mit meinem Bruder Günther dort gelang, ist die Nordwand am Zweiten Sella-Turm, deren Erstbegehung er damals schilderte.
»Eben erfuhr ich, dass man die Nordwand des Zweiten Sella-Turms mit Bohrhaken angehen wolle. Jedenfalls geplant war es so. Wenn ich nun zurückdenke an den Tag, als wir diese Wand kletterten, muss ich lachen. Im Stillen schäme ich mich, weil auch ich vom Nageln sprach. Allerdings habe ich gewiss nicht an Bohrhaken gedacht. Aber ich lachte meinen Bruder aus, als er am Einstieg noch hartnäckig behauptete, diese 250 Meter hohe Wand wäre ohne A-Stellen möglich.
Ich möchte wetten, dass er dies selbst nicht glaubte. Und wäre ich nicht dabei gewesen, als er es bewies, ich wäre heute noch skeptisch.

Unten links: Günther Messner am großen Quergang in der Micheluzzi-Führe an der Südwand des Piz de Ciavazes.

Klettern am Korallenatoll: Am Sella-Fels sind Entstehung und Geschichte der Dolomiten zu spüren!

Der Sella-Stock, mein erstes Klettereldorado nach den Heimatfelsen. Dahinter die Geislerspitzen und die Zentralalpen.

»Viele Gründe sind es, welche mich bewegen, Tirol als den Schlüssel zur Theorie der Alpen anzusehen, ein Schlüssel, ohne den man die wahrhafte Zusammensetzung dieser Berge nur sehr unvollkommen einzusehen vermag.«

Leopold von Buch

An einem Samstagvormittag war es. Ich kam von der Arbeit nach Hause, und Reinhold begeisterte mich für die direkte Nordwand am Zweiten Sella-Turm. ›Eine kurze, nette Sache‹, lockte er. Mittags erst fuhren wir los. Um 15 Uhr waren wir einstiegsbereit. Zu spät, viel zu spät. Ich schimpfte vor mich hin: ›Geht sowieso nicht ... Da braucht man einen ganzen Tag ... Kommen wir überhaupt noch zurück? ... Ich habe keine Lust zu biwakieren!‹
Unser Scheitern schien mir sicher. In meinem Ärger über Reinholds Dummheit konnte ich kaum das Seil nachgeben, während er die ersten dreißig Meter emporkletterte. Erbost grollte ich in mich hinein: Soundsoviele Erstbegehungen hat er nun schon gemacht, und trotzdem sieht er nicht, dass diese Plattenwand frei nicht möglich ist. Mit einem Dutzend Sicherungshaken will er da hinauf, der Depp. Dabei bildet er sich ein, eine gute Nase zu haben. Soll er bei seiner Einbildung bleiben. Mir ist es egal, wenn er fliegt.
Die erste Seillänge, zuerst Wand, dann eine seichte Verschneidung, stieg Reinhold ohne Zwischenhaken hoch.

Linke Seite: Den Ciavazes-Wänden vorgelagerter Dritter und Zweiter Sella-Turm. Meine Nordwandführe liegt im Schatten.

»Genusskletterei!« Die beiden Kletterer in der Jahn-Führe am Dritten Sella-Turm haben die Querung hinter sich.

Vorhergehende Doppelseite: Blick über die mehrstufige Sella zum Langkofel und zur Seiser Alm. Rechts das Gröden-, links das Fassa-Tal. Darüber der Rosengarten. Hinten Adamello, Ortlergruppe und Ötztaler Alpen.

»Wuchtige Wände wachsen auf in der milden Graufarbe streichelweichen Mausfelles, hier geplattet und glatt, dort scharfkantig und zerborsten, gerillt, rinnig, zerrissen, und ihre harten Steinköpfe heben sich felsgekrönt vom unendlichen Blau der Himmelskuppel ab, wachsen urplötzlich auf aus grünen Märchenwiesen.«

Walter Schmidkunz

Erst als ich nachkam, merkte ich, wie schwierig es war. Am Standplatz angekommen fragte ich, ob er wirklich noch eine Seillänge ... Reinhold drückte mir den Strick in die Hand und verschwand hinter einer abgerundeten Kante. Ein Haken sang. ›Wie geht's?‹, fragte ich. Keine Antwort. Nur das Seil lief einige Meter hinauf, kam wieder zurück. Wieder bewegte sich das Seil: vor, zurück. ›Aufpassen, nun versuche ich es rechts‹, hörte ich Reinholds Stimme. Sehen konnte ich ihn nicht. Ich wusste, dass es sinnlos war, vom Hakenschlagen zu reden, und deshalb war ich still. Reinhold versuchte es links, dann gerade, später rechts und nochmals gerade. ›Die Gangbarkeit einer Wand erproben‹, nennt er das. Fünf Versuche,

»Hier konnte ich klettern, wie der Vogel fliegt, wie der Fisch schwimmt. Es gab immer einen Griff, einen Tritt, einen Riss, ein Band.«

Reinhold Messner

Links oben: In der »Fedeleroute« an der Pordoi-Nordwestwand: 800 Meter ernste Genusskletterei!

Rechts: Pordoi-Nordwestwand: Alle Wege in dieser grauschwarzen Felswand sind steil, anspruchsvoll und ohne Vergleich. Die gelben Stellen zeigen Überhänge an.

Links unten: Spaziergang in der Senkrechten: Seilschaft in der Dibona-Führe an der Pordoi-Nordwestwand.

Links: Hinter dem Zweiten und dem Ersten Sella-Turm die Gipfel von Marmolada und Gran Vernèl.

Rechts: Aus der Südwand des Ersten Sella-Turms fällt der Blick in die Tiefe und zum Dreigestirn Langkofeleck, Fünffinger- und Grohmannspitze.

Unten: Wochenende für Wochenende kletterten wir im Oberschulalter an der Sella: Meisules, Ciavazes, Pordoi, Mesdì.

»Du stehst und hebst den Kopf
und vor dir wachsen Wände und
Türme auf und Massen und
Grate, erdrückende Wuchtigkeiten
und kirchturmschlanke Zierlichkeiten
und gliedern sich in gotischem Streben
in einen Himmel hinein, der nicht
blau ist und doch blauer als blau,
nicht azur und doch tiefer als azur,
der wie leuchtendes Vergissmeinnicht,
wie dunkler Saphir und wie blaues
Kinderauge zugleich ist.«

Walter Schmidkunz

zehn Versuche. Aber bevor er es aufgibt, geht er dann doch – ohne Haken. ›Eine genagelte Stelle ist nichts. Reinholds Prämisse: als Erstbegeher müssen wir den Schwierigkeiten gewachsen sein.‹ Ja, eigentlich hat er recht. Und auch ich bin dafür. ›Wenn man einer Wand nicht gewachsen ist, soll man besser verzichten. Es werden morgen, später, in zehn Jahren, andere kommen, bessere, die der Wand gewachsen sind.‹ Mit den Bohrhaken ist es dasselbe. In wie vielen Wänden wurde von den Erstbegehern gebohrt, wo andere frei durchgekommen wären! Hemmungslos werden der nächsten Generation die Probleme weggenommen.

Reinhold musste es nun geschafft haben – ganz frei. Rasch lief das Seil. Dann wieder Stopp. ›Da ist eine Stelle – knapp rechts vom Haken ... Untergriff ... eigentlich ganz leicht.‹ Wortfetzen, die zu mir herklingen. Wieder ein Sicherungshaken, wieder Versuche. Gerade über den Wasserstreifen ging es dann doch. Eine geräumige Höhle bot guten Stand. Die dritte Seillänge sah von unten am glattesten aus. ›Ich will noch einige Meter klettern‹, meinte Reinhold. Dann werden wir abseilen, dachte ich, und es morgen noch mal versuchen. Reinhold aber kam nicht zurück – er stieg immer höher, sauber, frei, meist ohne Zwischenhaken. Der Höhlenüberhang ging mir in die Arme. Dann folgten nur mehr traumhafte Seillängen. Fester Fels, immer wieder unerwartet große Henkelgriffe, das Seil schlängelte sich frei in der Luft. Mein Ärger war längst verraucht. Es war eine Freude, zu sehen, wie Reinhold in den Abendhimmel hineinstieg!

Nein, es gibt nicht nur das einmalige Pistenrondell rund um die Sella – es ist viel Raum für Skitouren geblieben.

Aufstieg über die winterliche Pordoi-Nordwestwand und anschließend Skiabfahrt durch das Val di Mesdì war damals eine unserer kombinierten Touren.

Langkofel und Trabanten

Langkofel und Nebengipfel.
Die wenig beachteten Langkofeltrabanten Platt- und Zahnkofel (rechts). Innerkoflerturm und Grohmannspitze in der Mitte.

In der Dibona-Führe am Innerkoflerturm spaziert man senkrecht zum Himmel.

Zum Langkofel gehört die »Steinerne Stadt«, ein ideales Trainingsgelände. Dazu Übergänge, ungezählte Kletterführen und die Langkofel-Nordkante, lange Zeit ein »Klassiker« unter den großen Dolomitenwegen.
Günther, mein Bruder, und ich versuchten uns abwechselnd an einer etwa acht Meter hohen Felswand mitten in der »Steinernen Stadt« – das gehörte zu unserem unerlässlichen Fingertraining. Die Griffe waren mit Schweiß und Erde beschmiert, und je öfter wir abrutschten, umso schwieriger wurden diese ersten Klettermeter. Für diesen Steinklotz hatten wir schon eine Stunde geopfert, und nun wollten wir erst recht nicht aufgeben. Das Tal lag jetzt im Schatten und die Luft war so kühl wie der Fels. Das klare Licht der Mittagssonne ergoss sich auf die vielen Felsklötze der »Steinernen Stadt«, die links von der Passstraße auf dem zum Langkofel hin aufsteigenden Berghang liegt. Ich schüttelte meine Arme und gähnte träge. Auch mein Bruder richtete sich auf, streckte sich,

Oben: Zweimal Langkofel und Trabanten: Dahinter Sella, Marmolada, Pelmo, Civetta, Pala.

gähnte ein wenig und lächelte mir zu. Am Vormittag hatte uns ein plötzlicher Wettersturz aus dem Südpfeiler des Innerkoflerturms vertrieben; wir seilten ab und wanderten hierher. Nun ließen wir das Training sein, nahmen unsere Pullover vom Boden auf und schlenderten den Steig zur Comici-Hütte hinüber. Wir hatten an den Steinklötzen geübt, nach Wänden und Rissen gesucht, die wir noch nicht kannten. Da das Wetter am Nachmittag zu halten versprach, stiegen wir in die Langkofel-Nordkante ein, einer hinter dem anderen, jeder für sich, das Seil am Rücken. Obwohl auch Günther jetzt Tag für Tag trainierte und große Erstbegehungen vor Augen hatte, waren

**Vorhergehende Doppelseite:
Ich kenne heute am Langkofel jedes Band, jede Scharte und fast jede Route. Und doch interessiere ich mich für so vieles rund um ihn herum. Als ob diese Arena ein Geheimnis geblieben wäre. Berichte und Erzählungen von Dritten befriedigen mich nicht. Ich will selbst sehen, den Fels spüren. Alle Jahre gilt es meine neuen Dimensionen abzustecken.**

»Giorgio Bernard hatte auch nichts als Spott für meinen Plan, allein die Grohmannspitze zu besteigen, ein Unternehmen, zu dem mich Bettega in S. Martino ermunterte und mir sicheren Erfolg versprach.«

Georg Winkler

die großen Routen im mittleren Schwierigkeitsbereich seine liebsten geblieben. Da waren vor allem die klassischen Vierertouren in den Dolomiten ... Die Fehrmann-Verschneidung an der Guglia di Brenta, der Kiene-Riss an der Fünffingerspitze, die Nordwand des Sass Pordoi, Schleierkante, Punta Fiames. Hunderte kannten wir, und jede war anders als die andere, und keine stand der anderen nach. Wenn wir uns besonders leicht und in Form fühlten, zogen wir Touren vor wie die Südostwand der Cima Scotoni, die Vinatzer-Führe an der Marmolada di Rocca oder die Philipp-Verschneidung an der Punta Tissi. Wir ließen uns überraschen; so wie wir bei der Erstbegehung

Links: Dolomiten-Winter: Tief verschneit Langkofel, Civetta, Marmolada, Pala.

Rechts: Skifahren in den Dolomiten bedeutet nicht nur Piste, Abfahrt, Spaß – die Felsformen, das Licht, der Schnee dort sind etwas ganz Besonderes – es ist ein Genuss für alle Sinne.

Viele Routen am Langkofel sind schon im Winter geklettert worden. Auch der großartige, teilweise brüchige Weg, den Soldà und Bertoldi im Sommer 1936 durch die tausend Meter hohe Nordwand des Berges gelegt hatten.

»Das Eigenartige der Dolomitenlandschaft, die steilen Kalkriffe aufgetürmt auf den breiten, welligen Höhen vulkanischer Massen, schenkt die prächtigen Skiführen inmitten großartigster Landschaft. Dolomitenberge – Dolomitenwinter – Dolomitensonne, dieser Dreiklang ist stärkstes, herrlichstes Erlebnis.«

Hans Fischer

der Nordwand des Zweiten Sella-Turms überrascht worden sind oder an der neuen Südwandführe an der Marmolada oder an der Nordwand der Cima della Madonna. Drei Erstbegehungen – und jede war als Ganzes genommen ein Maximum. Vielleicht klingt das überheblich, vielleicht legt mir mein Gedächtnis nur die schönen Seiten dieser Bergerlebnisse vor, es kann sein. Günther ging die Langkofel-Nordkante damals zum vierten Mal. Er kannte sie ebenso gut wie den Abstieg, so dass wir am späten Nachmittag schon wieder in der »Steinernen Stadt« ungelöste Wandprobleme suchen konnten – auch wenn sie nur einige Meter hoch waren.

Seiser Alm und Schlern

»Vor vielen Jahren, als weder von Kastelruth noch von Seis eine Fahrstraße zur Alm hinaufführte, und man also – den Schlernabstürzen entlang in Richtung Langkofel – zu Fuß zum Tierser-Alpl-Joch hinaufging, um dort entweder nach links zum Rosengarten abzubiegen, oder nach rechts zu den Rosszähnen aufzusteigen und über Pez und Schlernhaus nach Seis zurückzukehren, traf man auf insgesamt nur zwei Gasthäuser: das Frommer und das Dialer. Ein Gasthaus, an dem Jahr für Jahr um- und angebaut wurde, das sogar eine Kapelle und ein Schwimmbad erhielt, ein Haus, dessen Zimmer klein und blank waren wie Schiffskabinen. Nach dem Bau der Straße im Jahr 1938 schossen aus der Alm Villen und Hotels hervor, das Bella Vista, das Ikarus, das Dellai, vom Eisacktal

herauf wuchsen die Verbindungsmöglichkeiten, Autostraßen, Seilbahnen, Sessellifte, und die Seiser Alm wurde zu einem der bequemsten Wintersportgebiete.«

Manara Valgimigli

Links: Die Santnerspitze, nur 2413 Meter hoch, dem Schlern vorgelagert, setzt sich mit dem »Euringer« eigenwillig vom Hauptstock ab. Oft war ich dort oben, einmal in nur zwei Stunden von Bad Ratzes und zurück.

Oben: Plattkofel, Seiser Alm und Schlern wie in einer anderen Zeit. Herausgehoben aus dieser Welt bin ich dort oben nur, wenn die Massen weg sind. Ich fühle mich dann wie auf einem vertrauten Stern.

Folgende Doppelseite: Seiser Alm, Schlern (mit Euringer- und Santnerspitze) im Winter. Im letzten Licht das Spinnennetz der Erschließung auf der Alm.

»Wer einmal den Sonnenuntergang in Bozen erlebt hat und die letzte Glut des scheidenden Balles zärtlich über die bleichen fernen Zinken des Rosengartens verströmen sah, der trüge kein echtes Bergsteigerherz in sich, wenn es ihm beim Anblick dieses immer neuen Wunders nicht den heimlichen Wunsch zupochte: Da musst du auch hinauf.«

Paul Hübel

Rosengarten-Geister

Hinterm Rosengarten ragen Antelao, Pelmo, Marmolada und Civetta auf.

König Laurins Rosengarten ist der bekannteste Bergstock im gesamten Dolomitenraum. Das »Land im Gebirge« mit seinen Felsburgen, die Lebensraum und sagenhafte Welt zugleich sind, wird mit ihm gleichgesetzt. Wie alle Freigeister zwischen Bozen und Canazei habe auch ich meine »Ideale« gesucht. Im klassischen Bergsteigen. Und gefunden! Wie zum Beispiel in der Coronelle-Nordwestwand.

Es war an jenem frühen Vormittag nebelig trüb, der Fels feucht und kalt. Während ich mir die einzelnen Hakenbündel an den Klettergürtel hängte, nahm Heini Holzer, mein Partner, ein Steinchen vom Kar auf und steckte es in die Hosentasche. Die Nordwestwand der Coronelle, unser Ziel, steht links der Rotwand in der Rosengartengruppe und war nur wenig beachtet worden. Vom Gipfel zieht ein grauer Wasserstreifen herab, der sich unten in gelben Überhängen verliert. Dass der Wasserstreifen im mittleren und oberen Wandteil frei kletterbar war, bezweifelte keiner von uns beiden, wie aber sollten wir ihn von unten her erreichen?

Über gestuften Fels links der Gipfelfalllinie stieg ich ein und schräg rechts hinauf zu einer seichten Verschneidung. Obwohl der Fels fest und rau war, musste ich äußerst vorsichtig sein, weil die Sohlen der steifen Kletterschuhe auf abschüssigen Tritten zu rutschen drohten. Hier in den Einstiegsseillängen klebten feine Moose und Flechten am Gestein, die sich mit Feuchtigkeit vollgesogen hatten. In der seichten Verschneidung – ein winziger Griff nur – begann ich zu zögern. Ich stieg einen halben Meter hinauf und

Der gezackte Kamm des Rosengartens zwischen Kesselkogel und Latemar.

wieder zurück. Ich versuchte die Stelle öfters, aber ohne Erfolg. Der eine Griff für die rechte Hand war gerade so groß, dass die Fingerkuppen Platz fanden. An ihm hätte ich höchstens zwanzig Kilo gehalten. Die linke Hand stemmte ich auf Gegendruck an die linke Verschneidungswand.
An solchen Stellen gibt es nur eine Technik, um frei darüber hinwegzukommen: Man sieht sich die zu überwindenden Klettermeter genau an, überlegt jede Bewegung im voraus und vollzieht den Bewegungsablauf zuerst im Geiste. Nun lockert man die Arme und klettert dann ruhig, aber mit Schwung, bis man wieder größere Tritte unter den Sohlen hat. Der Trick besteht darin, dass man nie stehen bleibt, dass die gewonnene Geschwindigkeit so lange gehalten wird, bis man über der Schlüsselstelle hinweg ist. So braucht man weniger Kraft und kann sich auf kurzen Strecken an kleinsten Griffen halten. Ich halte von diesem überlegten Spiel mehr als von einem Herumprobieren, das ungemein viel Fingerkraft kostet und nicht selten zum Sturz führt. Natürlich sind dabei viel Erfahrung und ein geschultes Auge nötig. Überhaupt kommt es beim Felsklettern oft weniger auf die Kraft als vielmehr darauf an, dass man die einzig richtige Route wählt und diese auch richtig klettert. Das gilt für den ganzen Anstieg, im Detail für einige Klettermeter bis hin zur günstigen Griffbelastung und Gewichtsverteilung. Ich wage sogar zu behaupten, dass sehr viele Kletterer an einer Viererroute Fünferstellen klettern, weil sie das Gelände von unten nicht richtig einschätzen können und die ideale, weil leichteste Linie nicht finden. Das gilt für die unteren Schwierigkeitsgrade mehr als für die höchsten, weil die Möglichkeiten mit steigender Schwierigkeit geringer werden.
Auch am nächsten Standplatz las Heini ein erbsengroßes Steinchen auf. Diesmal verschwand es in der Brusttasche des Anoraks. Wir wechselten uns in der Führung ab und mussten so am Standplatz nicht dauernd alles umhängen. Durch die vielen gemeinsamen Touren hatten wir

Wie Piaz, Jori und Rizzi fand auch Otto Eisenstecken viele Routen in den Wänden des Rosengartens – ein Beweis dafür, dass es bei uns in den Dolomiten immer wieder exzellente Vertreter der Kletterkunst gab.

Vorhergehende Doppelseite: Tausendundeinen Weg kenne ich im Kletterreich der unbegrenzten Möglichkeiten. Dabei sind die »Klassiker« – zwischen Torre-Trieste-Südwand und Rosengarten-Ostwand – immer noch erfahrenswert.

»Der Eindruck, den die Welt der Dolomitalpen auch auf den verwöhntesten Bergsteiger hervorbringt, steht völlig außerhalb jedes Vergleiches. Ihre grotesken, abenteuerlichen Felsbildungen, ihre wunderherrliche Gruppierung und der wechselnde Farbenzauber, der durch die ganze Landschaft flutet, verleihen diesen Bergen einen ganz eigenartigen Reiz.«

Ludwig Purtscheller

Vertrauen zueinander, und jeder wusste vom anderen, dass er kein Kamikazekletterer war. Die letzten Seillängen führten über eine bauchige Wand gerade empor zu den Gipfelschrofen.

Es regnete jetzt leise, und obwohl die Griffe groß waren, musste man sich gut festhalten, denn die Wand hing hier teilweise über. Am höchsten Punkt, zwischen drei Steinklötzen, machten wir Rast, teilten uns einen Apfel und besprachen den Abstieg. Heini fischte nun eine Hand voll Steinchen aus seinen Taschen, zählte sie und warf sie in den Abgrund. Während sie fielen, konnte auch ich sie zählen. Es waren sieben. Dann gingen wir über eine Schotterrampe abwärts. »Sieben Seillängen waren es«, bemerkte Heini hinter mir. Ich drehte mich um. Den Gipfel konnte man im Nebel nicht mehr erkennen.

»Es ist, als ob ich Fels unter den Fingern hätte, wenn ich diese Bilder sehe.«

Reinhold Messner

Links: Hinter den Vajolet-Türmen die Larséc-Gruppe und über allem die Marmolada.

Die Dolomiten sind eine unwirkliche Welt! Wenn man sie gegen den Himmel betrachtet oder den Zentralalpen gegenüberstellt, glaubt man zu träumen. Die Dolomiten sind aber eine noch unwirklichere Welt, wenn man hoch über den Tälern wandert, an ihnen klettert oder am Gipfel steht und in die Runde schaut.
Rechts: der »Tscheiner«.

Versteckt in einem Hochtal Wasser, in dem sich Wolken und Felsen spiegeln.

»Die Dolomitberge Tirols sind eine Eigentümlichkeit dieses Landes, wie sie sich ähnlich kaum noch irgendwo in den Alpen vorfindet. Über sanftgewellte, grüne Alpenmatten und dunkle Waldbestände ragen die wildzerrissenen Zinnen und Türme riesiger, bleicher Kalkriffe ganz unvermittelt in den blauen Himmel empor.«

Theodor Christomannos

»Im weiten Hochtal, das wir erklommen hatten, war einfach nur Ruhe da, nach allen Himmelsrichtungen hin unendliche Ruhe. Diese Stille machte sich auch in uns breit, während wir – jeder für sich – tiefer in diese Einsamkeit vordrangen. Je lautloser die Weite wurde, desto mehr fühlte ich das Verlangen zu rufen, zu schreien, laut mit mir selbst zu reden. Plötzlich begann ich zu blöken, irgendwelche Urlaute auszustoßen. Es ging mir dabei nicht darum, das Schweigen zu stören, ich musste ein Maß finden für diese Stille, die sich um uns herum bis zur Unendlichkeit auszudehnen schien. Bald riefen wir beide – abwechselnd – und lauschten jedem Laut, der von den Wänden widerhallte.«

Reinhold Messner

Purgametsch

Die Delago-Turm-Nordwestwand überm Purgametsch-Kar ist gelb, und es gab niemand, der Sepp Mayerl und mir die Zweifel hätte ausreden können. Das Klettergelände allerorten überhängend. Hakenspuren führten zu einem überhängenden Bauch, unter dem wir den nächsten Standplatz vermuteten. Dieses Wegstück ging noch frei, die ersten Schritte auf den glattgeschliffenen Platten wirkten ungeschickt, aber rasch gewöhnten wir uns an den Fels; es wurde ein rhythmisches Steigen.
Die Stimmung, die am Morgen gedämpft gewesen war, schlug in helle Freude um, als wir die festen Griffe des ersten Steilaufschwungs, der von der ersten zur zweiten

Zwischen Karen und Zacken verloren im Rosengarten.

Am steilen Fels ist das Ausgesetzt-Sein stärker zu spüren als beim Wandern.

Vajolet-Türme: Das Felsenreich all jener Freigeister, die sich keiner Macht und keinen Schwierigkeiten beugen. Die Nordwestwand des Delago-Turms.

Bergsteiger auf dem Stabelerturm, dahinter die Nordwand der Rosengartenspitze.

»Im Januar 1944 verhaftete die Hilfspolizei der SS Francesco Jori, Rizzi, Piaz und andere. Als politisch missliebige Personen kerkerte man sie im Gefängnis von Bozen ein. Nach der Befreiung im Mai 1945 ernannte das Nationale Befreiungskomitee Piaz wieder zum Bürgermeister des unteren Fassatals, Jori zum Ortsvorstand im oberen Fassatal.«

Ewald Weiß

Plattenrampe führt, in den Händen hielten. Rasch waren wir oben in der gelben Wandzone. Hier waren die Griffe manchmal spärlich, und immer wieder musste ein Stift, in eine Ritze oder ein Felsloch getrieben, über Überhänge und glatte Quergänge hinweghelfen. Aber wider unser Erwarten fanden wir in der überhängenden Wandzone schöne Freikletterei vor. Der Fels wies viele kleine Höhlen und Löcher auf, an denen wir klettern konnten wie an einer Leiter. Wir waren über den ersten großen Überhang schon hinweg und jetzt fast übermütig. Ein heißer Tag, auch im Gebirge, kaum Wind zu spüren. Aber die Luft im Schatten der Nordwände war kühl, beinahe kalt, wenn man länger am Standplatz festgebunden war.
An den Standplätzen fanden wir einige Bohrhaken – offensichtlich von den Zweitbegehern –, und wir sicherten uns an diesen, obwohl sie uns nicht unbedingt nötig erschienen. Auch zwischendurch steckten ein paar Haken zuviel für meinen Geschmack.

»Man kann eine Wegstrecke auch zwanzigmal mit dem Auto zurückgelegt haben, das einzige Mal aber, da man das zu Fuß tut, entdeckt man bisher nie Gesehenes, Kleines und Großes, Nahes und Fernes. Man spürt den Weg fest unter den Schuhsohlen, prüft die Böschung auf Sauberkeit, die Exaktheit der Abzugsrinnen und -schächte, frische Ausbesserungsarbeiten an Rissen in den Bögen der Begrenzungsmauern, das Quadrat- oder Rechteckmuster außerhalb der eigentlichen Straße, die Schotterhaufen, die großen und kleinen Meilensteine.«

Manara Valgimigli

Links Rosengartenspitze; rechts Kesselkogel. Heute, nachdem ich etwa hundert Expeditionen und allein an die tausend Klettertouren in den Dolomiten erlebt habe, glaube ich diese Berge erfasst zu haben. Trotzdem fehlt mir ein Maßstab für sie. Er ist mir abhanden gekommen. Denn älter werdend gehen und klettern wir viel zu wenig.

»Ja, Fels gehört der Jugend, deshalb sind auch die Dolomiten Jugendland! Der junge Mensch findet im Himmelssturm der bleichen Wände und Türme Ausdrucksform seines Wollens, Prüfsteine seiner Kräfte und Ziele seines Höhendranges. Der junge Mensch entschleierte einst vor Jahrzehnten die Felsen und baute Steinzeichen auf den Zinnen, er entdeckte und eroberte viel später das Reich des ›sechsten Grades‹.«

Fritz Schmitt

Blick über den Fensterlturm (Rosengarten) zur Pala.

In der Steger-Route (unten) der Rosengarten-Ostwand (links).

Ich hatte die beiden Kletterer nicht auftauchen sehen und bemerkte sie erst, als sie in der zweiten Seillänge der Delago-Kante waren, knapp rechts von uns. Ich hatte zugesehen, wie ein kleines Steinchen, das Sepp, der gerade vorausstieg, losgetreten hatte, ins Kar hineinfiel, ohne die Wand vorher ein einziges Mal zu streifen.

Ich konnte die zwei anderen Kletterer nur sehen, wenn sie um die scharfe Ecke in die Nordwestwand bogen. Ich weiß nicht, warum ich plötzlich mit ihnen um die Wette steigen wollte. Je mehr Hakentouren ich kletterte, desto deutlicher wurde mir, dass das wahre Klettern darin besteht, ganz frei zu steigen, ganz ohne künstliche Steighilfen auszukommen, und dass daneben keine andere Leistung zählt.

So einleuchtend das auch war – nur wenige gaben es zu, und wenn sie es zugaben, war doch keiner bereit, auf die großen, berühmten Touren zu verzichten, nur weil sie frei nicht kletterbar waren. Die Delago-Kante war frei kletterbar, aber zu leicht, die Nordwestwand viel schwieriger, aber nicht frei kletterbar. Oder doch?

Plötzlich kletterten Sepp und ich, ohne uns noch an den Haken festzuhalten; die Strickleitern baumelten frei in der Luft. Die Haken nur noch als Sicherung benützend, stiegen wir in abwechselnder Führung zum Gipfel. Als wir uns oben hinhockten, um auszuruhen, tauchte aus der Delago-Kante der erste Haarschopf auf.

Links: Wie das Licht ändert sich auch die Silhouette mit jeder Stunde, mit jedem Schritt.

Rechts: Rosengartenspitze (links) und Larséc-Wände (rechts). In der Mitte – wie ein Monument – der Winklerturm.

Vorbilder

Am 17. September 1887 schrieb Georg Winkler in sein Tagebuch: »Ab 6,15; Einstieg in die Felsen 7,30; durch ein System von engen Kaminen erreicht man den Fuß des letzten Spitzels und dieses über ein Paar Wandln, 9,50;

Jungvieh unter der Laurinswand.
Links die Vajolettürme von Norden. Vor hundert Jahren kletterten hier namhafte Bergsteiger wie Georg Winkler, Franz Wenter, Luigi Rizzi, Angelo Dibona, Hermann Delago und Tita Piaz.

»Nie bin ich glücklicher, als wenn ich in den Bergen bin, mit den einfachen Menschen zusammen, die dort leben.«

Déodat de Dolomieu

»Der siebzehnjährige Gymnasiast Georg Winkler zwang allein den kühnsten der Wundertürme von Vajolet, Robert Hans Schmitt war zwanzig Jahre alt, als er erstmals die Fünffingerspitze durch den Südkamin erklomm, auch Hans Dülfer war nur wenig älter, als er im Rosengarten neue Kletterführen eröffnete.«

Fritz Schmitt

Steinmann; Aussicht war rein, aber natürlich beschränkt; ab 10,30; ein Block schnitt mir das Seil fast vollständig durch, so dass es nur mehr mit wenigen Fasern zusammenhing; er hatte das auf einem festen Stein lagernde Seil getroffen und so zerschnitten; Ende der Kletterei 1,30; der Turm bietet von seinem Fuß aus gesehen einen großartigen Anblick und ist die feinste Gipfelbildung, die ich je gesehen. Hütten von Sojal 2,45; ab 3,7; hinab nach Mouzon über die Brücke (4,15) zur Chaussee. ¼ Stde. Rast. Campitello 5,45; ›Al Molino‹.«
Diese Sachlichkeit! Und diese Stilreinheit! Als ich etwa achtzig Jahre später die Maestri-Führe an der Rotwand

»Bei der ersten Begehung im Winter 2000 machte ich oberhalb der ersten Stufe der Riesen-Zimmerdecke nach 15 Metern im am wenigsten überhängenden Bereich des gewaltigen Daches Stand. Weil jedoch die Regeln des Freikletterns in alpinen Mehr-Seillängen-Routen Standplätze nur an so genannten ›no hand rests‹ zulässt, existiert dieser Schlingenstand für eine Rotpunkt-Begehung nicht. Also muss die nächste Seillänge ohne Verschnaufpause noch angehängt werden.«

Alexander Huber

im Rosengarten kletterte, hätte ich mich schämen müssen. Unter uns lag das Kar. Nichts rührte sich dort. Stumm schwamm es in weißen Wellen hinunter ins Tal. Die Haken über mir steckten in regelmäßigen Abständen in der brüchigen Felswand.

Seit Stunden stand ich nun meist auf der mittleren Sprosse der Strickleiter. Mit gemischten Gefühlen prüfte ich die Haken und schlug die lockersten fester ein; sobald einer unter dem Gewicht meines Körpers herauszuspringen drohte, entlastete ich ihn vorsichtig. So glich die Kletterei einem riskanten Seilmanöver, das sehr verwickelt war.

Während ich mich am späten Nachmittag über den letzten großen Überhang mühte, fielen mir vielerlei Einzelheiten auf, die mir vorher entgangen waren. Kleine, versteinerte Muscheln im Fels, ein Mauerläufer, Flechten. In unserem zerschlissenen Aufzug, mit den zerschundenen Fingern, den Haken und Knäueln von Seilen ergaben wir am Gipfel das Bild einer Seilschaft, die müde genug war, sich eine Rast zu leisten. Wie weit aber waren wir entfernt vom sauberen Kletterstil, den es vierzig Jahre vorher gegeben hatte und der vierzig Jahre später wieder kommen sollte.

Nie ist so gut und so kompromisslos frei geklettert worden wie heute. Nach der Direttissima-Zeit fand eine junge Generation zurück zu den Ideen von Paul Preuß, wenn auch mit moderner Absicherung und professionellem Training. Alexander Huber unterm 55-Meter-Riesendach in der Nordwand der Westlichen Zinne.

Der Latemar, dahinter die Pala-Gruppe: Spielraum für Tourengeher, Träumer, Bergwanderer, Kletterer. Meditierende und agierende Bergsteiger, die hier Stille und eigene Wege suchen, finden sie auch.

Pelmo-Wetter

Den Monte Pelmo habe ich düster und sonnig in Erinnerung. Ein halbes Dutzend Mal bin ich auf seinem Gipfel gestanden. Das eindrucksvollste Erlebnis ist dabei mein erstes geblieben. Ich war zwanzig Jahre alt, mein Bruder Günther war achtzehn. Mit dem Roller waren wir zum Pelmo gekommen, an Colle Santa Lucia vorbei. Im oberen Teil der Nordwand wurden wir von einem fürchterlichen Unwetter überrascht, das Überleben war eine Kunst. Ein Jahr später folgte ein sonniges Erlebnis. Mit Heini Holzer kletterte ich die Route der Cortineser, die damals noch geheimnisumwittert war.
Das Gelände war oft leicht, gleichzeitig aber unübersichtlich. »Bäuche« – runde, glatte Felsvorsprünge – sperrten immer wieder den Weiterweg.
Ich steckte weit über Heini Holzer in einem glatten Riss und kam nicht von der Stelle. Das Seil lief nicht nach, es musste verklemmt sein. Ich zerrte, riss, schwitzte und ärgerte mich.
»Dieses verdammte Seil!« Ich versuchte, nach links aus dem Riss auszusteigen. Es ging nicht. Was tun? Ich probierte alles: Zerren, Reißen, Balancieren. Meine Handgelenke schmerzten. Lange konnte ich mich nicht mehr festhalten. Erste Verkrampfungen kündigten sich an. »Seil nach!« Ich schrie, nein, ich brüllte. Vergebens. Der Wind und die Felsvorsprünge zwischen uns machten jede Verständigung unmöglich. Was nun?
Plötzlich wurde mir klar, dass zwischen Heini und mir nur ein Haken steckte. Detailliert erschien das Bild des eingetriebenen Eisenstiftes vor meinen Augen. Trotz allem, ich durfte nicht loslassen. Und ich hatte Angst, los-

Monte Pelmo von Norden, zwischen Cadore und Cordevole. Rechts davon die Bosconero-Gruppe.

Der Monte Pelmo von Westen. In der Mitte der Hauptgipfel, tiefer der Pelmetto. Den Horizont bestimmen die Berge um Cortina, links der Sorapis.

»Weiße Wolkenschwäne schwimmen hoch droben im blauen Luftmeer. Der Laie spricht von Cumulus und fürchtet ein Gewitter, der Kenner reibt sich die Hände und freut sich über das immerblaue Dolomitenwetter und die schneeweißen Sonntagswolken.«

Walter Schmidkunz

zulassen. Ich durfte nicht stürzen. So klebte ich eine Ewigkeit lang an diesem Wulst. Ich verkrallte meine Finger in den Fels, so, wie es nur ein Verzweifelter tun kann. Endlich gelang es mir, auf einen zuverlässigen Tritt zurückzuklettern. Mit einem Fuß konnte ich darauf stehen. Aber nirgends eine Hakenritze. Mit der einen Hand hielt ich mich am Fels fest, mit der anderen zerrte ich am Seil; einmal, ein zweites Mal, ein drittes Mal. Das heißt: Nachkommen! Bei unserer ersten gemeinsamen Felsfahrt hatten Heini und ich es so vereinbart. Warum fiel mir dieses Signal erst jetzt ein?
Nichts rührte sich. Rasch wechselte ich meine Stellung. War das Seil doch verklemmt oder war mein Rucken zu schwach gewesen? Ich wiederholte das Reißen am Seil mehrmals. So gut es eben ging. Auf diesem schmalen Tritt und mit den müden Händen abwechselnd an diesem verschwitzten Griff hängend, hatte ich Mühe, das Gleichgewicht zu halten. Wieder zerrte ich am Seil: Einmal –

zweimal – dreimal. Endlich eine Lockerung. Das Seil kam nach. Es ging! Heini und ich hatten Kontakt – über das Seil. Wir mussten jetzt beide gleichzeitig klettern, was man nie tun soll. Aber es war die einzige Möglichkeit, uns zu retten. Wenige Meter nur, ein paar Sekunden, und ich fand einen Standplatz.
Vorsichtig kletterte ich auf das Band. Zu meiner Überraschung fand ich einen alten Standhaken. Ich ließ den Karabiner und das Seil einschnappen. Gerettet! Fest umklammerten meine schweißverklebten Finger die weichen Perlonseile. »Nachkommen!«

Obwohl häufig eine Wolkenfahne den Gipfel des Pelmo umhüllt, weil sich gerade dort das schlechte Wetter zusammenballt, ist der Pelmo in meiner Erinnerung ein heiterer Berg.

»Meine langen Beine ertragen die Strapazen nicht mehr so gut wie früher. Ich spüre die Auswirkungen der Zeit: das Gewicht der Zeit, die meine Haare hat weiß werden lassen.«

Déodat de Dolomieu

Die Bosconero-Gruppe von Nordwesten. Links der Sasso di Bosconero, rechts anschließend die Rocchetta Alta di Bosconero mit der senkrechten Nordwand.

Vorhergehende Doppelseite: Der Monte Pelmo nach einem Wettersturz. Dieser vulkanähnliche Dolomitenberg ist kein Vulkan, aber ein Zentrum. Wofür möchte ich wissen.

»Wer als Bergwanderer oder Kletterer pauschal behauptet, die Dolomiten seien übererschlossen, liegt falsch. Im Latemar-Gebiet und vor allem in den südlichen Dolomiten gibt es noch ungezählte Orte der Stille. Getragen von Neugierde, lässt sich sogar noch ›Wildnis‹ finden – Hochflächen, Grate und Zacken, die uns heilig bleiben sollten.«

Reinhold Messner

Die extrem schwierigen Routen in der Bosconero-Gruppe waren 1967 jung, nicht wiederholt. Als wir, mein Bruder und ich, dorthin kamen, tat sich eine neue Welt für uns auf: Pfeiler und Wände mit festem Fels und logischen Routen.

Nordwestkante und Nordwand der Rocchetta suchen ihresgleichen in den Dolomiten. Sie zählen zu jenen Winkeln im Gebirge, die geheimnisumwittert bleiben, so dass man immer wieder dorthin zurückkehren möchte.

Links: Die Nordwand der Rocchetta Alta di Bosconero wurde erst in den sechziger Jahren als Kletterziel entdeckt. Sie weist fast durchwegs sehr guten Fels auf und kann auf Grund ihrer südlichen Lage sowie der geringen Meereshöhe früh und spät im Jahr geklettert werden.

»Die konkave und an vielen Stellen überhängende Wand wird in der Mitte senkrecht von einem durchgehenden grau-schwarzen Wasserstreifen durchzogen, der den Anstieg markiert. Die Route beginnt rechts einer großen, nach links ansteigenden Rampe und führt zuerst in entgegengesetzter Richtung in den Zentralteil der Wand. Einmal dort, bist du gefangen: in der Senkrechten, zwischen den Dachüberhängen, im Klettergenuss.«

Reinhold Messner

Civetta-Träume

Links: In den Überhängen am Torre d'Alleghe.

Rechts: Die Civetta-Wand und ihre Ausläufer mit Torre di Valgrande und Torre d'Alleghe. Einige der Routen hier gelten als Meilensteine der Geschichte des Dolomiten-Kletterns: der Anstieg von Solleder und Lettenbauer von 1925, die »Philipp/Flamm« auf die Punta Tissi, 1957 erstmals geklettert, sowie die Nordkante am Torre d'Alleghe.
Der zweite Turm von links ist der Torre d'Alleghe (unten).

In der Civetta war ich oft für Wochen. 1963 an der Südseite, 1966 mit Heini Holzer am Coldai-See. Wir haben unter dem Civetta-Hauptkamm gezeltet. In nur zwei Wochen, den erfolgreichsten Kletterwochen meines Lebens, sind uns zwölf große Touren gelungen, darunter einige Erstbegehungen und mehrere Zweitbegehungen, wie etwa die geheimnisumwitterte Nordwand des Torre d'Alleghe. »12.8.1966 – Wiederholungsversuch der Nordwand des Torre d'Alleghe; Start 6 Uhr«, schrieb ich auf einen Zettel, während Heini das Frühstück braute. »Wir kommen durch«, sagte der Koch verärgert über das entmutigende Wort »Wiederholungsversuch«. Ich versprach ihm, einen

neuen Zettel mit »Zweite Begehung der Nordwand des Torre d'Alleghe ...« zu schreiben, und er war beruhigt. Verstohlen aber hinterlegte ich den Urtext im Zelt, und wir brachen auf.

Am Vortag hatten wir uns ein klares Bild über die Wand gemacht: Der Wandsockel geht seilfrei; auch der erste Riss ist frei kletterbar; die gelbe Verschneidung ist schwierigste Hakenarbeit. Die graugelben Überhänge in der Mitte sind des Rätsels Lösung! Oder unmöglich für uns. Die graue Gipfelwand bietet genussreiche Plattenkletterei. Nun standen wir am Einstieg der schrägen Rampe. Wirklich, es war nicht schwer, und nur selten bremsten kleine Aufschwün-

Vorhergehende Doppelseite: Die Civetta-Nordwestwand. Wie in einem aufgeschlagenen Buch ist in der Civetta-Wand die Klettergeschichte »nachlesbar«. Links der Torre di Valgrande, in der Mitte Civetta-Hauptgipfel und Kleine Civetta. Die Philipp-/Flamm-Route und der »Weg der Freunde« verlaufen links des Firnfeldes durch die bis zu 1200 Meter hohe Wand des Hauptgipfels. Viele Spitzenkletterer – von Oswald Gabriel Haupt bis Christoph Hainz – wurden mit ihren Civetta-Erstbegehungen bekannt.

Nachdem mir an der Busazza (oben) eine Erstbegehung (unten) gelungen war, kletterte ich auch im Pelsa-Kamm (links). In den End-Sechzigern fand ich eine Neutour im zentralen Teil der Civetta-Nordwestwand: den »Weg der Freunde«. Fast genau in Gipfelfalllinie und frei stiegen wir zu viert zum Hauptgipfel.

ge unser flottes Klettertempo. Unerwartet leicht fiel mir der erste Riss. Auf dem Pfeilerkopf baute ich einen anständigen Standplatz und Heini kam nach. Gesichert an einem Holzkeil querte er nach rechts und stieg eine gelbe Verschneidung hinauf, mitten hinein in die Überhänge. Er erreichte einen luftigen Standplatz, an dem ich links vorbeistieg. Langsam schob ich mich über die graugelbe

»Déodat Guy Sylvain Tancrèd Gratet de Dolomieu, 1750 in Dolomieu in der Dauphiné geboren, quittierte, wegen Duellierens zum Tode verurteilt, den Malteserritterordensdienst, sammelte Steine und wurde ein berühmter Mann.«

Walter Schmidkunz

Wand. Bald hing ich unter einem schwarzen Überhang und rätselte. Wie weiter? Kein Haken zu sehen, über mir nur glatte Wand. Nein, frei war das Gelände unmöglich. Ein Stück unter mir aber, rechts draußen, sah ich noch zwei rostige Stifte. Nach einer kurzen Hangeltraverse stand ich auf einem schmalen Band und mühte mich vergebens, Haken für den Stand einzutreiben. Die Risse waren alle geschlossen, der Fels eisenhart. Endlich gelang es mir, mit Holzkeilen und U-Haken einen sicheren Stand zu bauen. Gewonnen! Heini kam nach und stürzte sich auf den grauen Plattenpanzer, der sich über uns aufbaute. Kleinste Haken trieb er in Naturlöcher – Schuppen brachen weg –, kein Riss in der ganzen Wand. Wo sollte Heini Zwischenhaken für die Sicherung unterbringen? Immer wieder überwand er einige Meter in gewagter Freikletterei, eine Rampe, und über diese erreichten wir den Gipfel. Unser »Versuch« war gelungen.

Im Schuppendach der »Philipp/Flamm«, benannt nach den Erstbegehern. 1969 konnte ich diese Route solo durchsteigen. Nun wollte ich sie auch im Winter »machen«. Der Versuch sollte scheitern. Zu viel Schnee!

Civetta im Winter. Einige klassische Civetta-Routen durchstieg ich mehrmals.

Die große Verschneidung der »Philipp/Flamm«: Diese Führe galt ein Jahrzehnt lang als die schwierigste Kalkkletterei der Alpen und wurde nur selten wiederholt. Seit dreißig Jahren ist sie eine Modetour, überlaufen und übernagelt zugleich.

»Links bei der Marmolada vorbei zeigt sich die lange Kette der Gruppe der Pale di S. Martino, die furchtbaren Wände der Civetta mit einem kleinen Gletscher, der Pelmo, weit hinten der Monte Durano, Antelao, Sorapiss mit der Punta di bel Prà, Cadini, Cristallo und die drei Tofanaspitzen. Das sind nur die Riesen unter den Bergen, wer zählt aber die Häupter der kleinen Berge, die uns überall umwogen!«

Paul Grohmann

»Marmolada! – Sie wird die Königin genannt, und wirklich, dieser Felsstock ist nicht nur der höchste in den Dolomiten; mit den riesigen Südabstürzen und der vergletscherten Nordflanke ist die Marmolada einzigartig im Reich der bleichen Berge.«

Reinhold Messner

Marmolada-Kalk

Der Marmolada-Fels ist anders als die übrigen Dolomiten: geschlossen, fest, ohne die typische Horizontalgliederung. Besser aber lässt es sich kaum irgendwo klettern! Ich hatte das Glück, ein gutes Dutzend Routen an dieser Marmolada kennen zu lernen. Vier Wege habe ich sogar erstbegehen können: die Plattenmauer links vom Südpfeiler, den Südwestpfeiler, den »Südtiroler Weg« auf die Punta Penia, den Hauptgipfel also, und die gewaltige Plattenflucht auf die Marmolada di Rocca, eine direkte Fortsetzung der Vinatzer-Route, die 1936 erschlossen worden ist. Sie gilt als eine der kühnsten Klettereien aus der Zeit des »Sesto Grado«.
Nein, ich konnte nicht alle meine Marmolada-Ideen verwirklichen. Einige musste ich der nächsten Generation überlassen. So zum Beispiel den »Fisch«, eine spätere Erstbegehung im zentralen Teil der Wand, dort, wo sie am glattesten ist. Mein Spieltitel für diese Idee war »Butterfly« gewesen. Ich konnte diesen Traum nicht mehr verwirklichen, nachdem mir am Nanga Parbat die Zehen abgefroren waren.
Wie ein riesiger Bauch schiebt sich die Südwand der Marmolada d'Ombretta aus der mächtigen Wandflucht vor.

Im Herzen der Dolomiten steht die Marmolada. Auf der einen Seite Firnfelder, auf der anderen die gewaltige Südwand.

Der Südpfeiler der Marmolada (Schattengrenze links) trennt die Südwestwand von der Südwand. An beiden Wandfluchten glückten mir Erstbegehungen: Mit Konrad Renzler 1968 ein idealer Weg rechts der Tomasson-Route (rechts), mit Freunden aus Bozen der markante Pfeiler links.

Vorhergehende Doppelseite: Die Südwand der Marmolada, eine der berühmtesten Dolomitenwände, liegt abseits der Straßen. Gewitter sind hier häufig.

Links: Die gewaltige Mauer der Marmolada, die bis zu tausend Meter tief und einige Kilometer breit abfällt. In der Mitte die Punta d'Ombretta.

Die Nordflanke der Marmolada mit Punta Rocca, Punta Penia, rechts dahinter der Vernèl. Dahinter die Rosengartengruppe und der charakteristische Schlern.

In der Plattenwand unterhalb des großen Bandes im »Südtiroler Weg«. Da der Mittelteil der Wand stark überhängt, konnten wir diese Erstbegehung trotz Gewitter fortsetzen.

»Das Panorama auf der höchsten Spitze der Marmolada ist nicht nur weit und schön, sondern auch in hohem Grade charakteristisch.«

Paul Grohmann

Links oben: Freikletterei an der Marmolada-Südwand, »Südtiroler Weg«: Der Kletterer befindet sich im unteren Wandteil (auf der schrägen Schattenlinie im Bild rechts).

Links: Zwei glatte Wände – links grau, rechts gelb – stoßen im rechten Winkel zu einer Verschneidung zusammen, die schräg nach links oben zieht. Durch den Riss in ihrem Grund verläuft der »Südtiroler Weg«.

Oben: Ausstieg aus der großen Verschneidung im »Südtiroler Weg«. Der riesige Dachüberhang bietet Schutz vor Regen und Steinschlag. Nicht vor Vereisung!

Rechts: Alleingang: Im Sommer 1969 begradigte ich die Vinatzer-Führe, indem ich vom großen Band in der Wandmitte direkt über die konkave Plattenwand zum Gipfel der Punta Rocca stieg.

»Das Dolomitenland war mir zum Sehnsuchtsland, zur Bergheimat geworden.«

Walter Stößer

Dieser Teil der Wand ist nicht nur der höchste, er ist in seiner Gesamtheit geschlossener und steiler als alles andere an diesem »vollkommenen Berg«. Nur oben, knapp unterm Gipfel, durchziehen tiefe Risse und Schluchten die hellen Kalkfelsen. Sie geben diesem Berg Gliederung, Struktur. Die dunklen Wasserstreifen, die am unteren Ende dieser Schluchten ihren Anfang nehmen und teilweise wie Fäden nach unten ziehen, zeigen die Via dell'Ideale an, die ich zweitbegangen habe.

Wir steckten damals in einer Falle. Nach einem Biwak in einer Höhle regnete und schneite es ohne Unterbrechung. Die Wand war nass, die Gipfelschlucht hing voller Eiszapfen. Und allerorten Dreck, Ölstreifen, Gestank. Wir kletterten durch die Schlucht, durch die von der Seilbahnstation am Gipfel der Müll entsorgt wurde. Alles Schimpfen und Fluchen und Hadern half nichts, wir mussten durch. Ein Rückzug unter Steinschlag und Wasserfällen wäre noch schlimmer gewesen.

Korallenriffe in der Abendsonne: Vernèl und Marmolada. Der Gran Vernèl im Vordergrund, die Marmolada im Zentrum des Bildes. Im Hintergrund Civetta.

Ein Skifahrer an den Hängen der Marmolada – wie in den Himmel gehoben. Der Marmoladagletscher, über den Grohmanns Normalanstieg führt, ist heute zum Teil auch Skiarena.

»Die Dolomiten sind kaum vergletschert. In der Marmolada aber, zwischen Crozzon di Brenta und Cima Tosa, am Antelao, am Monte Cristallo und an der Cima Brenta liegen noch Reste von Eis. Wie lange noch?«

Reinhold Messner

Brenta-Nebel

Kletterparadies Brenta: Von links Torre di Brenta, Sfulmini, Campanile Alto und Brenta Alta. Jenseits der Bocca di Brenta: Brenta Bassa, Cima Margherita.

Aus der Perspektive des Kletterers ist die Brenta einer der ergiebigsten Dolomitenstöcke. Dasselbe werden Wanderer bestätigen und vor allem die vielen begeisterten Begeher der berühmten Klettersteige. Es gibt immer noch kein Gegenstück zum berühmten Bocchette-Weg.
Wie oft sind wir mit einem alten Motorroller nach Madonna di Campiglio gekommen! Die Gipfel der Brenta fast immer in Nebel gehüllt. Da und dort tauchte ein Stück Fels auf. Crozzon, Cima Tosa, Cima Brenta schienen den Himmel zu berühren.
Und plötzlich stiegen die Nebel auf – die Berge waren frei. Über uns ragten schmale Türme und Grate. Ins unendliche Blau. Wie Finger einer gespreizten Hand. Diesmal wollten wir die Südwand des Torre Caigo klettern, die ockergelbe Südwand des Caigo-Turms, eine einzige Serie gelber Überhänge. Ein Tanz in der Senkrechten begann. In einem feinen Fingerriss – die Schuhspitzen verklemmt – stieg ich gerade empor. Dann querte ich nach rechts zu einer abgesprengten Schuppe. Diese Luftigkeit! Hier fand ich einen ersten Haken!

»Dolomiten – die Welt der Formen und Farben.«

Rudolf Fehrmann

*»Brenta.
Nirgends in den Alpen wirst du einen so tiefen Eindruck von stolzer, unvermittelter Höhe haben.«*

Douglas William Freshfield

Morgennebel in der Brenta. Rifugio Agostini in der westlichen Brentagruppe.

»Die Brenta-Gruppe besteht aus einem mächtigen Gewölbe von geschichtetem Hauptdolomit, welches gehoben und dabei aufgebrochen und geborsten ist. Aus seinen einzelnen Teilen hat die Verwitterung jene wunderbaren Türme, Kegel, Klötze und Massive geschaffen, die seit der Belebung des Natursinnes hinsichtlich der Bergwelt das Auge des Wanderers fesseln und entzücken.«

Karl Schulz

Links: Die Brenta-Gruppe, die Dolomiten westlich der Etsch. Zwischen Bocca di Brenta und Molveno-See (links unten).

Rechts: Eingerahmt von Cima Brenta Alta und Sfulmini die Guglia di Brenta. Ihre Südwand gelang mir allein in weniger als einer Stunde. Anschließend im Absteigen durchkletterte ich die Ostwand: frei, ohne Seil, nur Hände und Füße am Fels.

Vergeblich suchte mein Auge nach einem weiteren Stift. Sollte dieser Überhang frei gehen? »Frei« bedeutet beim Klettern, an den im Fels vorhandenen Löchern und Leisten steigen; »technisch« heißt, Haken, die in die Wand geschlagen werden, als Griff- und Trittersatz nutzen. Meine Hände fassten feste Griffe, und schon kam ich fünf Meter höher. Alles freie Kletterei! Unglaublich! Zwanzig und mehr Meter kletterte ich oft ohne Zwischenhaken die überhängende Wand empor, die Seile schlängelten frei in der Luft. Heini Holzer, mein bewährter Seilpartner, stieg die letzte Seillänge vor, immerzu in Bewegung, ganz Kraft, Konzentration. Unter uns waberten die Brenta-Nebel.

Heini Holzer in der Südwand des Torre Caigo. Damals übliche Ausrüstung: klobige Kletterschuhe, Schlingen, Karabiner und Doppelseil.

Vorhergehende Doppelseite: Das Herz der Brenta zwischen Cima Brenta (links) und Crozzon (zentral). Freshfield nennt den Crozzon ein »Denkmal der schaffenden Natur«. Die Kühnheit seiner Umrisse sind wie die vom Matterhorn und des Cimone della Pala. Nein, die Dolomiten haben keine Ähnlichkeit mit Bauwerken der Menschen!

Heiligkreuzkofel-Mauer

Der Heiligkreuzkofel, 2908 Meter hoch, fällt an seiner höchsten Stelle mit einer sechshundert Meter hohen Wand nach Pedraces im Gadertal ab. Von den Geislerspitzen aus hatte ich diese große Mauer entdeckt. Sie hat mir imponiert, und als ich den Livanos-Pfeiler, die längste aller Routen dort, in seiner ganzen Länge kletterte, wuchs meine Neugierde. Nach und nach habe ich eine ganze Reihe neuer Routen am Heiligkreuzkofel, an der Neunerspitze, an der Varella geklettert, so die Große Mauer und vor allem den Mittelpfeiler, der bis heute meine schwierigste Klettertour geblieben ist.
Dreißig Meter unterm Ausstieg der Großen Mauer wurde ich von Angst überrascht. Ich hatte keine Holzkeile dabei, und der Ausstiegsriss – etwa fünf Zentimeter breit – war glatt und überhängend. Mir fiel es schwer zu begreifen, dass es nicht weiterging, dass von der Überlegenheit, die sich in diesem Sommer in mir breit gemacht hatte, nur Angst übrig geblieben war. Sie ließ mich zögern.

»Die Erstbegehung des Nordostpfeilers an der Gardenaccia war mir gelungen, und anschließend, beim Abstieg ins Gadertal, begeisterte ich mich für diese riesige Plattenwand des Heiligkreuzkofels.«

Reinhold Messner

In den Dolomiten gibt es höhere Wandfluchten als den Kreuzkofel, eindrucksvollere nicht! Dahinter liegt das Reich der Fanes.

Rechts: Neuner- und Zehnerspitze bilden mit der Heiligkreuzkofelwand ein riesengroßes Hufeisen vor den Zentralalpen.

Links: Hans Frisch im Schuppenquergang in der Großen Mauer am Heiligkreuzkofel. Erstbegehung 1969.

Vor diesem Hindernis zurückschrecken? Den ganzen Weg nochmals klettern? Auch das wollte ich nicht. Mehr als eine Stunde lang stand ich unter einem Riss. Unentschlossen bis ich mich zum Rückzug entschied. Hans Frisch, ein ausgezeichneter Kletterer aus Bruneck, Seilpartner von Toni Egger und Alleingeher wie ich, war einverstanden. Unter der Bedingung allerdings, dass wir es in den nächsten Tagen noch einmal versuchen würden.
Rechts der drei markanten Pfeiler in der Kreuzkofelwand zieht sich an dieser Felsbarriere eine geschlossene Mauer hin, die von einem Band durchzogen und immer schmaler wird. Feine Risse deuten dort die Route an, die wir versucht und »Große Mauer« getauft haben. Ja, nun war ich gescheitert. Nur eine Seillänge unterm Gipfel gescheitert. Ich schlug zwei Abseilhaken, verband sie mit einer Reep-

Rechts: Mythen und Legenden entstehen dort, wo an Barrieren und dem Unmöglichen das Jenseitige angedeutet ist. Auch Kletterer haben solche geschaffen: Buhl, Livanos, Lacedelli, Manolo, Huber.

Neunerspitze-Südwand. An ihr konnte ich drei neue Routen finden. Sie sind nicht schwierig und bieten eine eigene Art der Dolomitenkletterei.

Vorhergehende Doppelseite: Diese Hochflächen zwischen den steilen Felsen – Sennes, Fanes – sind das Reich der Sagen, seit alters her. Wohin nur wenige gingen, fand die Fantasie der vielen Nahrung.

»›Wer wagt, gewinnt‹, sagt ein Sprichwort. Beim Felsklettern aber könnte ›einmal gewagt‹ schon zuviel gewesen sein.«

Reinhold Messner

schnur, fädelte das Seil ein und begann mit dem Rückzug. Am Doppelseil glitten wir tiefer, vorbei an den Stellen, über die wir voller Hoffnung heraufgeklettert waren. Wir schwebten frei in der Luft, drehten uns an den Seilen und schlossen die Augen, um nicht schwindlig zu werden. Einige Tage später fuhren wir wieder ins Gadertal. Wieder

Die Südwand der Neunerspitze mit einem letzten Schimmer Abendlicht.

zum Heiligkreuzkofel. In der Zwischenzeit hatte ich weder trainiert noch war ich geklettert. Ich hatte nur mein Selbstvertrauen zurück. Obwohl ich wusste, dass die Schwierigkeiten an der unvollendeten Route dieselben geblieben waren, stiegen wir ein – Vertrauen ist oft stärker als Einsicht!
So schnell ich meine Form verloren hatte, so schnell hatte ich sie offensichtlich wiedergefunden. Über Schrofen und Steilstufen erreichten wir das Band unter den Hauptschwierigkeiten. Überhängend wölbte sich die Wand über uns vor. Die Haken vom ersten Versuch steckten noch, ich kam ohne sie aus. Die große Schuppe

Es ist nicht nur die Kletterlust, die mich immer wieder zur Südwand der Neunerspitze trieb, dreißig Jahre lang, es ist auch die Stille dort, Stille und Weite, die zur Fanes gehören wie die Dolomiten zu Südtirol, zum Trentino und zum Veneto.

»Hart setzt über dem Weiß des schotterigen Geriesels der graue Fels an. Den Kopf musst du zurücklegen, wenn du seinem jähen Anstieg folgen willst. Über Plattengürteln wölben sich Wulste, Bänder ringeln sich, den getürmten Fels zerstufend, Risse klaffen scharfgeschnitten senkrecht im Fels, steinerfüllte Riesenschluchten gähnen auf und in ihrer dunklen Bucht brüsten sich wasserüberronnene bauchige Überhänge über blindgewordenen Schneeresten.«

Walter Schmidkunz

in der dritten Seillänge klebte nach wie vor an der Wand, und wiederum belastete ich sie so vorsichtig wie möglich. Sie war sehr groß, etwa sechs Meter im Quadrat, und sah aus, als ob sie sich jeden Augenblick von der Wand lösen würde. An dieser Schuppe querte ich nach rechts in ein seichtes Verschneidungssystem, über das ich den Ausstiegsriss erreichte. Wieder stand ich unter dem engen Spalt in der Gipfelwand. Die nötigen Holzkeile hingen an meinem Klettergürtel. Doch jetzt ging es plötzlich ohne. Nur einige Haken, die ich in den Naturlöchern links und rechts des Risses unterbringen konnte, setzte ich als einwandfreie Zwischensicherung. Ich kletterte frei. Die selbstgehackten Holzkeile ließen wir unterm Gipfelgrat unbenutzt zurück.
Den Livanos-Pfeiler kletterte ich mit meinem Bruder im späten Herbst, und Biwaknächte im Herbst sind kalt. Nach den ersten brüchigen Seillängen stiegen wir nur weiter, weil der Rückzug noch offen blieb. Der Fels wurde mit jedem Schritt nach oben brüchiger. Ich weiß nicht, ob einer der Haken in der weißen Verschneidung einen Sturz gehalten hätte. Einer der fünf Standhaken vielleicht. Ich weiß es nicht. Die Probe aufs Exempel unterließen wir. Immer, wenn ich im Grund der Verschneidung einen Stift eintrieb, rieselte Schotter weit über mir aus Löchern und Ritzen. Mit Geduld und Glück erreichten wir die »Conca«, den ersten großen Absatz in der Wand. Sie sah nicht weniger abweisend, weil brüchig aus als die weiße Verschneidung darunter.

Die drei markanten Pfeiler am Heiligkreuzkofel: Livanos-, Mittel- und Rechter Pfeiler.

Wir rätselten, wo Livanos, der französische Erstbegeher, hier wohl gegangen war. Am linken oberen Rand der Conca steckte ein Holzkeil in einem weit ausladenden Höhlenüberhang. Dort also!
In freier Kletterei – gar nicht mehr brüchig – stiegen wir am frühen Nachmittag zur Schulter auf, ein großes, die ganze Wand durchlaufendes Band. Eine Seillänge über diesem hängen drei Felsdächer; eines über dem anderen, wie eine umgedrehte Treppe.
Wir zogen es vor, am Band zu biwakieren und nicht in Schlingen zwischen den Dächern die Nacht zu verbringen. Ganz rechts draußen am Rand fanden wir eine

»Einmal, am Mittelpfeiler des Heiligkreuzkofels, habe ich in den Dolomiten mein Leben riskiert. Hoch oben in der Wand gab es kein Zurück mehr. Aber auch kein Weiter. Ich wagte alles.«

Reinhold Messner

Kletterer oberhalb der Schlüsselstelle am Mittelpfeiler des Heiligkreuzkofels.

»Eine glatte Platte, in der keine Risse und kaum Griffe sind. Vier Meter weiter oben ein Riss, ein fußbreites Band, auf dem ich wieder stehen konnte. Unter mir viel Luft, ein überhängender Abbruch.«

Reinhold Messner

niedrige Höhle. Knappe zehn Meter daneben hing ein dünner Wasserfaden überm Überhang. Wir füllten die Flasche und merkten erst jetzt, dass wir Durst hatten. In der versinkenden Sonne klopften wir die verkrümmten Haken zurecht, zählten die übrig gebliebenen Stifte. Einunddreißig waren es noch. Vierzig hatten wir mitgenommen. Vierzig Haken und zwei Holzkeile. Holzkeil hatten wir nun keinen mehr. Einer war in der gelben Verschneidung stecken geblieben, den zweiten mussten wir im Höhlenüberhang über der »Conca« opfern, U-Haken hatten wir auch nur mehr zwei – zu wenig? Wir warteten nicht bis es dunkel wurde, wir legten uns gleich in die

Oben: Der Pragser Wildsee mit dem Seekofel und den südöstlichen Dolomiten. Vor zehntausend Jahren war das Gebiet der Dolomiten noch von Eis bedeckt. Heute sind die Gletscher bis auf kleine Reste verschwunden.

Links: Die Durchsteigung der Cima-Scotoni-Wand gelang erst in den fünfziger Jahren. Eine großartige Route! Einer der Erstbegeher – Lino Lacedelli – stand auch auf dem K2.

Im Jahr 1987 entdeckte Willy Costamoling aus Corvara ein riesiges Felstor am Fuß der Conturines im Gadertal: Drinnen eine Tropfsteinhöhle und Knochen von Höhlenbären.

»Die Höhlenbären von Conturines sind eine junge Entdeckung. Vor 50 000 und mehr Jahren aber lebten diese ›Riesen‹ wirklich in den Dolomiten.«

Reinhold Messner

Höhle. In regelmäßigen Abständen tropfte Wasser auf den Biwaksack. Meine Augen suchten die Quellen an der Decke, verfolgten die Tropfen: wie sie sich bildeten, sich lösten, fielen – aus dem Nichts ins Nichts. Immer dasselbe Spiel. Merkwürdig, jetzt nach dem Dunkelwerden beschlich mich ein Gefühl der Unsicherheit: Diese Überhänge über uns!
Ich plante einen Rückzug ein, weil ich fürchtete und zugleich hoffte, am Morgen könnte das Wetter schlecht sein. Es war Nacht und schon Ende September. Wir froren und drängten uns näher zusammen. Ich weiß nicht, wie lange wir noch wach lagen bis es endlich hell wurde; drei, vier

Vor hunderttausend Jahren begann die letzte Eiszeit Auf dem Höhepunkt der Vergletscherung, vor etwa zwanzigtausend Jahren, waren viele Dolomitentäler mit Eisströmen gefüllt.

Hier, unter der Varella, findet sich die höchstgelegene Höhlenbärenhöhle der Alpen, 2800 Meter hoch. Während der Warmphasen der letzten Eiszeit siedelten in den Dolomiten also riesengroße Bären.

»An der schiffsbugartigen Kante der Varella konnte ich die Arbeit der Eiszeitgletscher mit Händen greifen.«

Reinhold Messner

oder fünf Stunden. Nein, wir Menschen waren nicht wie der Höhlenbär gegen die Kälte gerüstet. Endlich krochen wir aus unserer Höhle. Ungeschickt und gleichgültig steckten wir den Biwaksack und die volle Wasserflasche in den Rucksack.

Um acht Uhr morgens standen wir wieder unter den großen Dachüberhängen. Nach vierzig Metern wurde der Fels fest und geschlossen. Eine einzige Ritze erlaubte ein Vorwärtskommen. Unter dem zweiten Dach baute ich einen Schlingenstand. Während Günther verbissen unsere Haken wieder herausschlug, spielte der Wind mit den Seilen, die über dem ersten Dach pendelten. Dächer über mir versperrten jede Sicht nach oben.

Immer wieder glitt mein Blick hinunter ins Kar, wo sich die Schatten langsam verschoben und fünf Gämsen ästen. Als ich vom nächsten Standplatz – eine schmale Leiste über dem dritten Dach – wieder die Gämsen suchte, lagen diese auf einer Schneezunge unten am Einstieg – geradewegs unter mir. Die Sonne blinzelte um die Ecke, und ich konnte nun den Gämsen zuschauen und in der Sonne liegen zugleich.

Später, die Kante legte sich zurück, sah ich die Gämsen nicht mehr. Unterm Gipfel herrschte Freikletterei.

Tofana-Schwestern

Die Südwand der Tofana di Rozes, aus einer Reihe von Pfeilern und Wandfluchten aufgebaut, gleicht einem gotischen Bauwerk. Einige Wege dort sind lang, komplex in ihrer Linienführung und streckenweise wegen der Brüchigkeit des Gesteins sehr schwierig. Das gilt für die klassische Südwandroute, die in den letzten Jahrzehnten sogar schwieriger geworden ist, weil immer wieder ein Stück Fels dort abgebrochen ist. Mehr noch gilt es für die Wege durch die überhängende Gipfelwand, die so lockeres Gestein aufweist, dass nur erfahrene Kletterer an ihr zurechtkommen. Anders die Pfeiler-Route, die ich mitten im Winter klettern konnte und die so »logisch« einer Serie von Rissen folgt, dass es fast ausgeschlossen ist, sich dort zu versteigen. Ähnliches gilt für die vielen kurzen Routen an den Cinque Torri, den Tofane gegenüber.
Die Tofane sind wie drei Schwestern. Im Himalaja glauben die Einheimischen in benachbarten Berggestalten oft Schwestern zu erkennen. Ob auch die Bewohner der Dolomiten es so sahen? Vielleicht. Die schönste der drei Schwestern jedenfalls ist die Tofana di Rozes.

Licht und Schatten an der Tofana di Rozes. Vorne, schneebedeckt, die Tofana di Rozes, links darunter verläuft das Tal von Travenanzes.

Luftiger Standplatz in der Tissi-Route in der Südwand der Tofana di Rozes. Extreme Kletterei 800 Meter über dem Wandfuß.

Vorangegangene Doppelseite:
Der Talkessel von Cortina d'Ampezzo mit einem Kranz von Dolomitenbergen (Monte Cristallo, Sorapis, Antelao, Bosconero-Gruppe, Monte Pelmo).

Kaminkletterei an den Cinque Torri. An diesen Felsklötzen – zwischen Tofane und Antelao gelegen – lässt's sich gut üben.

Riss- (links unten, Dibona-Weg am Zweiten Turm) und Wandkletterei (Dimai-Route in der Südwand des Großen Turms, rechts unten).

Die Cinque Torri unter dem Falzarego-Pass, aus dem Grün der umliegenden Wälder und Almen aufragend, werden seit fünfzig Jahren als »Klettergarten« und Übungsgelände verstanden (rechte Seite). Den Umgang mit technischen Steighilfen (oben) und das Freiklettern an der Sturzgrenze habe ich dort erprobt.

»Die Bezeichnung ›Dolomitgebirge‹ und endlich ›Dolomiten‹ ist erst durch die Reisebriefe der beiden Engländer Josiah Gilbert und Churchill populär geworden, die in dem 1864 in London erschienenen Buchbericht über ihre ›Ausflüge durch Tirol, Kärnten, Krain und Friaul in den Jahren 1861, 1862 und 1863‹ ›The Dolomite Mountains‹ betitelten.«

Walter Schmidkunz

Die Tofana di Rozes mit den vielen Strebepfeilern, an denen Kletterführen zu den Pfeilerköpfen leiten.

Die »drei Schwestern« in der Dämmerung. Im letzten Licht Tofana di Rozes und Tofana di Mezzo.

Die drei Pfeiler der Tofana di Rozes rechts der Süd-wand. Berühmt ist die Route durch die graugelbe Wand des rechten Pfeilers (»Pilastro«).

»Eine herrliche Aussichtswarte, die die Ampezzaner mit Recht das ›Belvedere‹ nennen. Bewundernd schweift hier der Blick von der eleganten, eisgekrönten Pyramide des Antelao über die Sorapis und die Kadini im Westen zu den Felskolossen des Piz Popena und Cristallo.«

Theodor Christomannos

Die Tofana di Rozes ist 3225 Meter hoch. Mit ihrem Amphitheater in der Mitte der Südwand und mit den drei Strebepfeilern rechts und links bietet sie Klettertouren, die vom Falzarego-Pass aus leicht an einem Tag begehbar sind. Vor allem aber bietet sie einen überwältigenden Anblick. Warum ist die Tofana für uns Kletterer die Schönste? Ganz einfach, weil sie die steilste und nicht jedermann zugänglich ist. So bleibt sie mit dem Schleier des Geheimnisvollen umgeben.
Aber auch dahinter, auf den Fanes-Turm, der über dem Travenanzes-Tal aufragt, lassen sich Linien durch die Felsschluchten ziehen, die kaum begangen werden.

Pala-Gipfel

Die Gipfel der Pala-Gruppe galten 1850 als unersteiglich. Zwanzig Jahre später, 1869, schaffte Leslie Stephen zwei Besteigungen und im Jahr darauf bezwang E. R. Whitwell den gefürchteten Cimon della Pala, das »Matterhorn der Dolomiten«.
Mir gefiel es im Valle di San Lucano am besten und immer wieder wollte ich denselben Berg besteigen: den 2872 Meter hohen Monte Agnèr.
Zuerst erkletterte ich mit Sepp Mayerl und Heindl Messner die Nordkante. Mitten im Winter. Es war die erste Winterbegehung dieser längsten Kante im Dolomitenraum. Beim zweiten Anlauf gelang uns die Jori-Route in der Nordwand. Wieder im Winter. Drei Tage extrem schwierige Kletterei bei zwanzig Grad Minus und viel Schnee. Später stieg ich mit meinem Bruder Günther und Heini Holzer durch die Nordostwand. Unser Weg ist durch einen schwarzen Wasserstreifen markiert, der über eine fünfzehnhundert Meter hohe Plattenmauer zieht – bis in den Himmel.

Oben: Der Nordzug der Pala mit Cima dei Bureloni, Cima delle Vezzana und Cimon della Pala.

Links: Der Monte Agnèr von Norden.

Rechte Seite unten: Christoph Hainz, einer der Erneuerer des Dolomiten-Kletterns, und Reinhold Messner an der winterlichen Nordwand des Monte Agnèr.

»Ein grandioses Klettererlebnis an der höchsten Dolomitenwand, von größtem alpinistischen Interesse.«

Ettore Castiglioni

Die Felsen der Pala-Gruppe sind das Reich der Kletterer. Am Ende des Nord-Süd-Zuges die »Schleierkante« an der Cima della Madonna: ein Stück Alpingeschichte und ein Muss für jeden Kletterer. Die Nordwand links der Kante ist wie mit dem Messer geschnitten und noch schöner zu klettern.

»Die erste Ersteigung der Cima della Madonna war ein Erfolg, den nur die außerordentliche Kühnheit und Klettergewandtheit Winklers zu erzwingen vermochten.«

Alois Zott

»Der nächste Schritt bringt den Bergsteiger in den eisenharten, reinen Fels der Schleierkante mit seiner verschwenderischen Griffigkeit, der die Begehung möglich macht. Hier setzt die wilde Steilheit der Schleierkante ein, die das Gelingen so oft in Frage stellte. Hier aber setzt auch der herrliche, sportliche Genuss ein, den diese Bergfahrt in seltenem Ausmaße bietet, weil sie nie Leistungen bis zur absoluten Grenze des Könnens verlangt, sondern ihre Bezwingung Leistungen freigibt, welche die hochgesteckte Grenze des sicheren Könnens nie überschreiten.«

Gunther Langes

»Wenn ich an die Pala denke, entsteht das Bild einer Gipfelstunde. Nur die Spitzen der Berge – kleinen Inseln gleich – ragen aus dem Dunkel. Auf jedem Gipfel denke ich mir Menschen, die – jeder für sich allein – dort schauen, denken, sind.«

Reinhold Messner

Zweimal (oben und links) Pala di San Martino. Unten links davon die Cima Immink. Idealer Kletterfels allerorten.

»Alle diese Fahrten sind großzügig angelegt – aber eine übertrifft alle, sie wird in einem ganz bestimmten Sinn zur berühmtesten Freikletterei der Dolomiten – es ist der Weg, den Langes zusammen mit Erwin Merlet findet, der Weg über jene Kante, die wie ein Schleier vom Haupt der Cima della Madonna fällt.«

Josef Rampold

»Auf den Pale eröffnete die Seilschaft mit Langes 22 neue Kletterwege, alle von großem ästhetischen und alpinistischen Wert; unter ihnen der Dente del Cimon, der Camino degli Angeli auf der Pala di San Bartolomeo, der Kaminweg auf den Campanile Pradidali, die Westwand der Cima Val di Roda, der große Pfeiler auf die Pala di San Martino, die Ostwand der Cima Immink, die Westwand des Mulaz und der Vezzana, die Südwestkante der Bureloni und die berühmte Schleierkante an der Cima della Madonna. Dieser Weg begründet vor allem den Ruhm von Langes als Bergsteiger.«

Bepi Pellegrinon

Das Felsenreich des Gunther Langes: Pala di San Martino, Val-di-Roda-Kamm und Sass Maor/Cima della Madonna.

Die Pala-Gruppe ist einer der ausgedehntesten Bergstöcke der Dolomiten und in sich deutlich gegliedert: Das Altipiano delle Pale di San Martino steht im Zentrum; die höchsten Gipfel trägt die Nordkette, die vom Rolle-Pass nach Nordosten zieht.

Im großen Bild links der Fradusta-Gletscher und über dem Altipiano der flache Grat der Cima Fradusta. In der Bildmitte Cima Canali, Sass Maor und Cima della Madonna, Cima Immink und Pala di San Martino.

»Der Sass Maor hat weitaus die feinste Gestalt unter den Gipfelbildungen der Gruppe, und seine schlanken, kühn aufstrebenden Doppeltürme fallen sicherlich jedermann auf, der das Cismonetal durchwandert. Es ist eine Bergform, wie man sie selten sieht.«

Gustav Euringer

»Es war unterdessen Abend geworden; an den höheren Spitzen hielt sich noch das Rot der untergehenden Sonne, schwarze Bergdohlen umflatterten die glatten Wände, die uns umgaben, und schienen den frechen Eindringlingen Unheil zu verkünden.«

Georg Winkler

»Agnèr-Wand: Sie erhebt sich wie ein angsteinflößendes Ungetüm. Um sie anzuschauen, muss man den Kopf nach hinten legen. Sie ist das größte Bauwerk in den Dolomiten.«

Dino Buzzati

Die Wandflucht zwischen Nord- und Südostkante des Monte Agnèr in der Pala-Gruppe ist die höchste im gesamten Dolomitenraum. Der Fels grau, fest und ideal zum Klettern.

Schon 1921 durchstiegen A. Andreoletti, A. Zanutti und F. Jori die große Kaminreihe im höchsten Teil der Wand. Sie eröffneten damit eine Route, die zu den eindrucksvollsten der Dolomiten zählt.

Oben: Das Val di San Lucano und die Gipfel der Südkette der Pala und des Monte Agnèr, 2872 m. Dieser steht mit seiner Nordkante etwas abseits.

Zinnen-Geschichte

Links: Sextener und Ampezzaner Dolomiten. In der dritten Reihe: Antelao, Sorapis und Cristallo. Die Zerrissenheit und Harmonie soll nicht über die Erschließung hinwegtäuschen.

Unten: Die Sextener Dolomiten: zwischen Haunold und Misurinasee gibt es eine Vielzahl von Entfaltungsmöglichkeiten für alle Ansprüche.

An keinem anderen Berg der Dolomiten ist die Geschichte des Kletterns mit ähnlicher Deutlichkeit auskristallisiert wie an den »Zinnen« in den Sextener Dolomiten. »Zinnen-Geschichte« ist Dolomiten-Geschichte, ist Kletter-Geschichte. Paul Grohmann »eroberte« die Große Zinne 1869.

Aber schon »die erste Ersteigung der Kleinen Zinne bedeutet in der Geschichte des Alpinismus mehr als die bloße Eroberung eines orographisch untergeordneten Seitengipfels in den Sextener Dolomiten«, wie schon Karl Diener schreibt: »Sie bezeichnet geradezu einen Abschnitt in der sportlichen Entwicklung der Hochtouristik. Keine der vordem ausgeführten Kletterpartien reicht an Schwierigkeit an diese heran, so dass der gewohnte Kreis der Anschauung über das im Felsgebirge technisch Mögliche nun mit einem Male eine beträchtlichere Verschiebung als je zuvor erfuhr.«

Also schon vor mehr als hundert Jahren galt, was heute noch gilt: An den Drei Zinnen ist die Entwicklung des Felskletterns nachvollziehbar wie nirgendwo sonst.

»Und nichts ist geeignet, den raschen Fortschritt in der Entwicklung der sportlichen Seite der Alpinistik deutlicher zu illustrieren, als die Tatsache, dass im Sommer 1890 ein neuer Weg auf die Kleine Zinne von der scheinbar unzugänglichen Seite über die Nordwand forciert wurde.«

Vorhergehende Doppelseite: Einser, Zwölfer, Zinnen, Cadin-Spitzen, Antelao. In der Cadin-Gruppe (rechts der Zinnen), wo aus Wiesen Felsen herauswachsen, stehen viele Kletterziele. Schon Sepp Innerkofler und Dülfer fanden hier Wege.

Haunold (oben) und Dreischusterspitze (rechts) gegen die Zentralalpen.

»Damals schon gefielen mir beim Rückweg über Ampezzo die abenteuerlichen Zacken einer Croda da Lago, die edelgeformten Kuppeltürme der Drei Zinnen besser als der massige Bau der Marmolada.«

Alois Zott

»Es gibt über siebenhundert selbständig aufragende Felsberge in den Dolomiten. Tausend und mehr, ungezählt sind die Kletterwege, die durch ihre Wände und Flanken, über ihre Kanten und Grate führen. Kein Bergland der Welt hat turmartige Berggestalten in so unwahrscheinlich kühnen Formen gebildet wie die Dolomiten. Die Türme sind Ausdruck eigenwilligster Schönheit dolomitischer Felswelt.«

Gunther Langes

»Dolomiten – ein Wort nur, aber welche Fülle von Offenbarungen, Erlebnissen und Eindrücken birgt es in sich! Unsagbar schön ist dieses Paradies der Kletterer mit seinen kühnen, bizarren Felsgestalten. Zu den markantesten und bekanntesten unter diesen gehören die Drei Zinnen. Gleich verkörperter steinerner Urkraft entragen sie – alle Berge im näheren Umkreis unter sich lassend – dem vergilbten Schotter. In unerhörter Wucht und einer beispiellosen Geschlossenheit des Aufbaus streben ihre Wände zum Himmel. Von der leichten bis zur schwersten Felsfahrt bieten sie alles, was der Felsgeher – je nach Einstellung und Können – sucht.«

Hans Hintermeier

Oben: Verstecktes Felsenreich in den Sextener Dolomiten.

Linke Seite: Die Dreischusterspitze.

Folgende Doppelseite: Sextener Dolomiten mit den Drei Zinnen, Sextener Sonnenuhr und Paternkofel.

Die Drei Zinnen von Norden.

Kleine Zinne-Nordwand. »Diese Route, die an Schwierigkeit allem wesentlich überlegen scheint, eröffnete Dr. Hanns Helversen aus Wien mit Veit und Josef Innerkofler aus Sexten am 28. Juli 1890.«
Es folgen die Fehrmann-Verschneidung an derselben Nordwand, der Preuß-Riss an der Kleinsten Zinne, die Dülfer-Verschneidung an der Großen Zinne und 1933 ein neuer Abschnitt, als Emilio Comici zuerst die Nordwand der Großen Zinne, dann die Gelbe Kante der Kleinen Zinne bezwingt. Die Route auf die Große Zinne, die vorher Hans Steger versucht hatte, ist anspruchsvoll, der Aufwand enorm: 400 Meter Seil, 90 Haken und 50 Karabiner. »Die Haken dringen nur einen Zoll tief in den Fels. Man kletterte nicht mehr auf dem Fels, sondern auf vier Steigbügeln«, schreibt Comici in seiner Schrift »Alpinismo eroico«. Ja, wir stecken 1933 in einer heroischen Phase des Kletterns.
Dieser Erfolg an der Großen-Zinne-Nordwand, den Comici mit Angelo und Giuseppe Dimai teilt, erregt in

»In einem bestimmten Augenblick, als ich ziemlich im Spagat stand, da sah ich meine Seele frei baumeln, und unter mir im Abgrund erahnte ich das Schotterfeld. Da fühlte ich so eine Wollust in mir hochsteigen, wie ich sie noch nie in meinem Leben gefühlt hatte!«

Emilio Comici

Die Drei Zinnen von Süden.

»Die Gelbe Kante – Bug eines phantastischen Überseedampfers, der auf diesem Kiesmeer gestrandet ist.«

Emilio Comici

»Ist es möglich, eine Platte zu erklettern, die auf 220 Meter regelrecht überhängend ist?«

Gaston Rébuffat

Bergsteigerkreisen weltweites Aufsehen und wird von der älteren Generation wegen des Einsatzes an Hilfsmitteln kritisiert. Was soll's! Heute gehört dies alles zur Dolomiten-Geschichte wie die Dokumente von Dolomieu. Sie erglänzen nun hell wie schneebedeckte Gipfel unter der Sonne, sie berichten von einer außerordentlichen, abenteuerlichen wissenschaftlichen Leidenschaft für die Erforschung der Berge, eine Leidenschaft, die Dolomieu zu einem der größten »Wissenschaftsbergsteiger« aller Zeiten macht. [Die Memoiren Dolomieus sind 2001 im Auftrag der Fondazione Monti – Anzola d'Ossola erschienen; Enrico Rizzi und Luigi Zanzi sind die Herausgeber des Bandes, der ein Vorwort von Reinhold Messner mit dem Titel »Déodat Gratet de Dolomieu: viaggi nelle Alpi« (Déodat Gratet de Dolomieu; Reisen in die Alpen) enthält.]
Die weitere Historie gilt es erst noch zu schreiben. Sind wir Kletterer doch auch Erinnerungs-Gemeinschaften, Träger gemeinsamer Geschichten.

»Ich glaubte drei phantastische Standbilder von indischen Gottheiten vor mir zu haben, drei ungeheuerliche Buddhas, die in diesem Reiche erhabener Einsamkeit unbeweglich dasaßen.«

Emilio Comici

Rechts: Die Drei Zinnen mit Blick auf den Haunold und das Pustertal. Von rechts: Kleinste Zinne, Punta Frida, Kleine Zinne mit »Gelber Kante«, Große und Westliche Zinne.

Links: Große und Westliche Zinne. In den vergangenen zwanzig Jahren ist es gelungen, die überhängenden Nordwände in freier Kletterei zu meistern.

Rechts: Klettern in der typischen Ausrüstung der sechziger Jahre am Dachüberhang der »Scoiattoli-Kante« an der Westlichen Zinne (rechts). Das Klettern mit künstlichen Hilfsmitteln hatte damit seinen Höhepunkt erreicht.

»Wie oft wurde in den zurückliegenden 50 Jahren die Grenze des Möglichen höher gerückt und auf immer glattere, steilere Wände übertragen. Auch die Wertung des 6. Grades wird sich als relativ erweisen.«

Fritz Schmitt, 1953

Der Zwölferkofel von Süden (links) und von Norden (rechts). In der überhängenden Wand rechts des Hauptgipfels (»Kleiner Zwölfer«) fand Christoph Hainz eine moderne Extremroute.

Selten sind die beiden Gesichter eines Berges so rasch als die beiden Seiten einer Struktur zu erkennen wie beim »Zwölfer«. Als wären die Bergflanken deckungsgleich.

»Das Unmögliche ist im Bewusstsein der besten Kletterer einem stetigen Wandel unterworfen. Was heute von den Huber-Brüdern, Christoph Hainz oder Hans Peter Eisendle geklettert wird, war 1970 noch undenkbar.«

Reinhold Messner

»Nirgendwo wird die Entwicklung des Felskletterns so deutlich wie in den Dolomiten.«

Reinhold Messner

Die Sternstunden des Dolomiten-Kletterns

1869	*Langkofel*	*(Grohmann)*
1881	*Kleine Zinne*	*(Innerkofler)*
1887	*Winklerturm*	*(Winkler)*
1890	*Kleine-Zinne-Nordwand*	*(Innerkofler)*
	Fünffingerspitze	*(Schmitt/Santner)*
1895	*Delago-Turm*	*(Delago)*
1897	*Laurinswand*	*(Rizzi u. a.)*
1899	*Guglia di Brenta*	*(Ampferer/Berger)*
1900	*Punta Emma von Nordosten*	*(Piaz)*
1905	*Crozzon di Brenta, Nordkante*	*(Schneider/Schulze)*
1910	*Kleine Civetta, Nordwestwand*	*(Haupt/Lömpl)*
	Croz dell'Altissimo	*(Dibona u. a.)*
1914	*Kesselkogel, Südwand*	*(Dülfer)*
1921	*Agnèr, Nordwand*	*(Jori)*
1924	*Pelmo, Nordwand*	*(Simon/Rossi)*
1925	*Civetta, Nordwestwand*	*(Solleder/Lettenbauer)*
1929	*Marmolada, Südpfeiler*	*(Micheluzzi)*
1932	*Furchetta, Nordwand (direkt)*	*(Vinatzer/Peristi)*
1934	*Torre-Trieste-Südwand*	*(Carlesso/Sandri)*
1936	*Marmolada di Rocca, Südwand*	*(Vinatzer/Castiglioni)*
1941	*Torre di Valgrande, Südwand*	*(De Toni/Pollazon)*
1946	*Punta Emma, Nordwand*	*(Eisenstecken u. a.)*
1951	*Cima su Alto, Nordwestwand*	*(Livanos/Gabriel)*
1957	*Punta Tissi, Nordwestwand*	*(Philipp/Flamm)*
1958	*Große Zinne, direkte Nordwand*	*(Hasse/Brandler)*
1964	*Torre d'Alleghe, Nordwand*	*(Bellenzier)*
	Marmolada d'Ombretta, Via dell'Ideale	*(Aste/Solina)*
1968	*Heiligkreuzkofel, Mittelpfeiler*	*(Messner)*
1972	*Cima Scotoni – Via dei Facchiri*	*(Cozzolino)*
1978	*Cima della Madonna, Südwand*	*(Manolo)*
1981	*Marmolada d'Ombretta/ »Weg durch den Fisch«*	*(Koller/Šustr)*
1991	*Heiligkreuzkofel-Route*	*(Hainz)*
2001	*Westliche Zinne »Bellavista«*	*(Huber)*

Links: Die Nordwand der Westlichen Zinne. In der Wandmitte verläuft die Route »Bellavista«.

Rechts: Alexander Huber in der Schlüsselstelle von »Bellavista« bei seiner freien Begehung 2001.

Schiara-Sonne

Die Schiara-Gruppe ist mir voller Wildheit in Erinnerung geblieben. Im Besonderen ist dieses Gefühl von Tiefe und Wildheit mit der Burèl-Südwestwand verknüpft. Alle anderen Erlebnisse – ob Klettereien, Wanderungen oder Klettersteige – verblassen dagegen. Diese eine versteckte Wand über dem Val di Piero gehört zu meinen größten Touren. Beim ersten Anlauf haben wir es gar nicht erst versucht: Die Wand triefte vor Nässe, und überall auf den Bändern zerrann der Frühlingsschnee. Beim zweiten Mal, im späten Herbst, waren wir nur zu zweit, Konrad Renzler, dieser Bergsteiger aus Leidenschaft, der das Dolomitenklettern fünfzig Jahre mitprägte, und ich. Wir mussten zuerst einmal durch eine Schlucht absteigen, um an den Fuß des Berges zu gelangen. Tausend Höhenmeter weit. Dann stiegen wir durch eine konkave Wand aufwärts: zwischen Latschen, zuerst durch einen Canyon, dann an kleinsplittrigem Fels zwischen Gras und Überhängen. Dauernd waren wir dem Steinschlag ausgesetzt und später der prallen Sonne. Wir hatten immerzu Durst

Die Schiara zwischen Burèl und Schiara-Hauptgipfel, von Süden gesehen.

La Gusèla del Vescovà in der Schiara-Gruppe, ein Felsturm, den ich wiederholt erkletterte.

und es gab nirgends Wasser. Zwei harte und erlebnisreiche Tage. Als Klettergenuss hingegen habe ich eine Alleinbegehung der Burèl-Südwand in Erinnerung behalten. Es war am Beginn meines letzten großen Klettersommers gewesen, 1969.
Zum ersten Mal in diesem Frühling hatte ich ein klares Ziel vor Augen, als ich von Padua in Richtung Belluno fuhr. Da mein Plan bis ins letzte Detail durchdacht und ich bestens trainiert war, musste er gelingen. Nein, meine Idee war gar nicht so kühn. Zunächst wollte ich langsam zum Einstieg gehen, um nicht müde in den Fels einzusteigen, dann klettern nur klettern. So kam ich zur Hütte.

Folgende Doppelseite: Die Dolomiten von Belluno und Feltre als blaue Berge! Blick aus dem großen Kessel im Süden der Schiara nach Südwesten. Hintereinander gestaffelte Felskämme bis zum Monte Pizzocco.

Außer den Wirtsleuten war niemand da. Um diese Jahreszeit trieben sich die Bergwanderer von Belluno in niedrigeren Tälern herum. Ich band mir also ein Seil auf den Rücken und ein Hakenbündel an den Klettergürtel. Alles ging sehr schnell, hatte ich diese Handgriffe doch schon oft getan. Nachdem ich eine Lampe, einen Anorak und eine Hand voll Dörrobst in meinen Taschen verstaut hatte, verließ ich die Hütte wieder.
Ich spielte mit dem Steinschlaghelm, den ich in der Rechten hielt, während ich den schmalen Steig zu einer Scharte hinaufstieg. Am Wandfuß der Burèl-Südwand sah ich mich um. Ich kannte mich hier nicht so gut aus, und kein Steinmann wies mir den Weg. Das war ein Grund mehr für mich, die Felsmauer über mir genauer zu studieren: Ein grauer, fester Wandstreifen führte hinauf zu einer gelben, von waagrechten Dächern versperrten Felszone.
Langsam tänzelte ich über die ersten Steilstufen höher, allein, ohne Sicherung. Nein, ich konnte nicht abstürzen,

Als Riffe ragen die Berge der Schiara-Gruppe aus dem Wolkenmeer. Die Blickrichtung ist Norden: In der Mitte des Bildes Schiara und Monte Pelf; der Pfeiler links gipfelt im Burèl. Im Hintergrund sind Civetta und Pelmo zu sehen.

Mehr Sonne als die Schiara hat wohl keine Dolomitengruppe. Auch wenn die Täler oft mit Nebel gefüllt sind.

Schiara-Hauptgipfel von Norden (links oben) und von Süden (rechts unten). Immer steht die Gusèla Pate. Links oder rechts.

»An den Bergen orientieren sich die Menschen seit Jahrtausenden. Oft sind uns gerade kleinste Felsen Orientierungshilfe.«

»Schiara: Fels, Sonne und gute Fernsicht! Es lohnt sich immer wieder!«

Reinhold Messner

ich kletterte sicher und jede meiner Bewegungen war im Voraus überlegt. Es kam selten vor, aber ich kletterte ein paar Schritte zurück, wenn ich eine Grifffolge nicht zu Ende führen konnte. Große Tritte und die Griffe waren rau, vom Wasser ausgefressen. Ich spürte es an den Fingerspitzen. Der Fels war nicht so kompakt wie an der Civetta zum Beispiel oder an der Marmolada, aber ich hätte nicht sagen können, wie mir das klar geworden war. Ich empfand keine Angst weil ich allein war. Sicher, ich musste auf alles aufpassen und mir durfte die Kraft nicht ausgehen, bevor ich über die Überhänge hinweg war. Hundert Meter fiel die Wand jetzt senkrecht unter mir ab. Ich kletterte langsam, vorsichtig, und kam so bis unter die Schlüsselstelle rechts vom zweiten Dach. Diese Schlüsselstelle bestand aus einem griffarmen Überhang, darunter steckte ein Bohrhaken.

Ich massierte die Unterarme, denn ich erwartete eine sehr schwierige Passage – wenn nicht am Überhang, dann

darüber. Die Schnellkraft ist rasch verbraucht, und wenn ich am Überhang klettere und nicht mehr zurück kann, ist es zu spät, dachte ich. Ich war als Seilerster nie gestürzt, aber als Alleingeher durfte ich erst recht keinen Fehler machen. Die Luft war angenehm warm und die Hände lagen gut am Fels. Ich dachte an die wolkenlosen Oktobertage des Vorjahres zurück, an denen wir in der Südwestwand beinahe verdurstet wären. Zwei Tage in der prallen Sonne und nur verdünnten Sanddornsaft zu trinken! Auch jetzt hatte ich nichts zu trinken dabei. Nein, kein Durst. Am Überhang kletterte ich wie befreit von Ängsten, dachte an nichts mehr. Ich war nur noch da.

»Die Pelmo-Nordwand, wo ich vor vierzig Jahren beinahe umgekommen wäre, kann ich nicht mehr klettern; die Klettersteige in der Schiara noch mit siebzig Jahren.«

Reinhold Messner

Blick aus der Schiara zum Monte Pelmo. Rechts davon die Tofana di Rozes.

Während ich am Standplatz darüber verschnaufte, beobachtete ich fallende Grashalme in der Sonnenbahn. Am Gipfel musste es windig sein. Beim Steigen zog ich das Seil hinter mir her. Die Kletterei wurde leichter, und bis zum Band im obersten Wanddrittel wechselte ich die Richtung noch oft. Ich stieg nach links, nach rechts, immerzu aufwärts. Manchmal legte sich die Wand zurück, sodass ich glaubte, ich wäre bald oben, aber noch war kein Ende. Obwohl ich die Route vorher studiert hatte, war diese Wand voller Überraschungen und nicht immer war ich mir über den Routenverlauf so sicher. Entweder gab es zwei gleich schwierige Möglichkeiten, oder ich hatte mich verstiegen. Aber ich fand mich zurecht. Immer wieder. Das klingt vermutlich so, als wäre ich besonders geschickt; die Orientierung aber gehört zu den Instinkten eines erfahrenen Bergsteigers.
Es klingt banal, aber ich war immer ein vorsichtiger Kletterer, manchmal sogar übervorsichtig. Ich tat nur, was ich konnte, meist weniger als das. Nein, die Route an der Burèl-Südwand war nicht so schwierig, wie ich erwartet hatte. Aber sie war schön. Ich kletterte ohne Zeit und Raum. Plötzlich wurde das Gelände unübersichtlich. Nebel! Diese Nebel kamen nicht aus der Tiefe, sie bildeten sich in der Luft. Ich erschrak und machte, dass ich weiterkam. Einmal oben, suchte ich zwischen den Gipfelschrofen den Abstiegsweg. Aber nur Schluchten, Rinnen, Täler. Der Fels brach jäh unter mir ab. Jede Stufe glich

»Ein Bad im Bergbach gehörte für uns ebenso zum Dolomiten-Erlebnis wie die Nacht im warmen Almheu oder 1000 Meter Freikletterei in der Vertikalen.«

Reinhold Messner

Mit dem Verlust meiner Zehen (1970) verlagerte sich meine Leidenschaft zu den Achttausendern.

Felstürme im äußersten Süden und Norden der Dolomiten. Östlich des Piave gehört eine schmale Bergkette zu den Dolomiten, westlich der Etsch nur die Brenta. Die Karnischen Alpen, die Gruppe des Col Nudo und die Lienzer Dolomiten zählen wir nicht zu den Dolomiten, obwohl ihre Struktur ähnlich ist.

jetzt der anderen, Rinnen und Täler sahen ähnlich aus. Ich stieg in die eine Schlucht ab – Schnee – und kam zum Wandfuß. Auf den Weg zur Biwakschachtel lösten sich die letzten Nebel auf und während ich vor der Hütte den Rucksack aufnahm, klopfte der Wirt mir auf die Schulter: »Ist die Südwand schwieriger als die Südwestwand?« fragte er bei meinem Weggehen. Ich lachte nur, grüßte und rannte talwärts.
Ich suchte weniger nach Steigerung beim Klettern als vielmehr nach Ausgesetztsein, Stille, Ausdruck. Und alle, die sich beim Felsklettern so ausdrücken, haben meine Bewunderung.

»Dolomiten - ein unübersehbares Meer von Bergen. Kühn recken sie ihre zum Teil schnee- und eisbedeckten Häupter in den südlich blauen Himmel, so, als gehörten sie nicht mehr der Mutter Erde an. Wuchtig und erhaben, gleich Gralsburgen, entsteigen sie jäh grünen lieblichen Tälern. Wer nennt die Zahl all der Zacken, Türme und Nadeln, welche verwegen Grate und Flanken zieren. Gelbe Mauern schießen jäh aus sanften Matten lotrecht in die Höhe, wachsen unvermittelt aus grauen Schuttströmen auf. Eine Felsszenerie grandiosester Art, abenteuerlich, wildromantisch.«

Hermann Buhl

Blick über die Sorapis auf den Monte Cristallo. Am Horizont die schneebedeckten Berge des Alpenhauptkammes.

Klettersteigbegeher am Monte Cristallo (links oben) und der Antelao (links unten).

Vorhergehende Doppelseite: Die Dolomiten um Cortina d'Ampezzo: Sorapis, Pelmo, Civetta, Marmolada.

»Wer die weiten, freundlichen Täler und die blumenreichen Pässe dieser Berge besucht, der fühlt sich durch die mächtigen Dolomitriffe weder bedrückt noch beängstigt, sondern erfreut sich der lieblichen Landschaft, in der die ›Berge des Lichts‹, die Dolomiten, gleich riesigen weißen Monumentalbauten die Gegend überragen.«

Theodor Christomannos

Berge der Welt

Mit meiner ersten Himalaja-Expedition, 1970 zum Nanga Parbat, bekam mein Leben einen Riss. Ich verlor dort meinen Kletterpartner und Bruder, sieben Zehen wurden teilweise amputiert. Meine erste Phase als Bergsteiger war zu Ende. Vorher war ich Kletterer gewesen, jetzt wurde ich Grenzgänger.
Innerhalb von zwanzig Jahren reiste ich in die entlegensten Winkel der Erde, kletterte in Neuguinea, Patagonien, Island und in der Sahara, bestieg alle vierzehn Achttausender, einige davon mehrmals, hatte am Ende auf allen höchsten Gipfeln der sieben Kontinente gestanden und allerorten Erstbegehungen realisiert.
Die Dolomiten waren in den Hintergrund getreten. Nein, nicht, weil sie mir zu klein erschienen wären, ganz einfach deshalb, weil Zeit, Mittel und Energie nicht ausreichten für schwierige Klettertouren *und* Expeditionen. Es galt, zu trainieren, zu planen, die Steighilfen zu reduzieren. Immer wieder. In einer dritten Phase meines Lebens durchquerte ich die großen Sand- und Eiswüsten dieser Erde und anschließend war ich ein Jahrzehnt lang Mythen auf der Spur, dem Yeti, dem lange verschollenen Everestpionier Mallory, Shangri La. Den heiligen Bergen der Einheimischen galt mein Interesse sowie den Nomaden in Tibet, Sibirien, in der Mongolei. Als Fußgänger kehrte ich zuletzt in die heimatlichen Dolomiten zurück.

»Mein Leben begann in den Dolomiten und wird dort enden. Als ob es wie ein Bogen dazwischen eingespannt wäre.«

Reinhold Messner

Rechts: Die steile Welt des Himalaja: Tamserku, teilweise mit Riffelfirn überzogen. Solo Khumbu, Himalaja.

Unten: Grabmäler, Tschorten, nicht Steinmänner. Von den Sherpas aufgeschichtet. Hoch oben im Khumbu-Gebiet, am Fuß des Mount Everest.

Rechts unten: Wintermorgen am Gokyo-See in Solo Khumbu. Ich habe den Himalaja im Winter, im Frühling, während der Monsunzeit und im Herbst erlebt.

Familienleben im Hindukusch, Afghanistan. Nicht nur die Gipfel, auch die Menschen in den großen Gebirgen weckten meine Neugierde und forderten meinen Respekt.

»Es ergeht mir heute oft wie dem Geschäftsmann, der plötzlich verstehen lernt, dass die Welt, in der er lebt - zwischen Wirtschaft und Politik, zwischen Einkauf und Verkauf, zwischen Gewinn und Verlust – auch die Welt ist zwischen Sonnenaufgang und Sonnenuntergang, zwischen Quelle und Unterkunft, zwischen Himmel und Erde. Es ist in unserer globalisierten Welt schwierig geworden, eigenständige Lebensformen zu entwickeln. Es wäre also höchste Zeit aufzubrechen, mich wieder in anderen Zusammenhängen sehen zu lernen.«

Reinhold Messner

Vorhergehende Doppelseite: Vertikale Arena. Granitfels überm Baltoro-Gletscher im Karakorum: Paju-Peak, Biaho-Turm, Cathedralen, Großer Trango-Turm.

Das Jenseitige

»Der Dolomit findet sich nicht nur im Bereich der von Etsch, Eisack, Rienz und Piave abgegrenzten Dolomiten, sondern auch in vielen anderen Regionen der Alpen: von der Dauphiné zum Wallis, im Val Formazza, am Sankt Gotthard, in Graubünden und in mehreren Gebieten der Ostalpen. Ebenso in vielen anderen Teilen der Welt zwischen Irland und Sibirien, von Mexiko bis zu den Pyrenäen.«

Luigi Zanzi

Das Bergsteigen in großer Höhe oder/und in den entlegensten Winkeln der Erde hat viel weniger mit Kletterkunst oder Technologie zu tun als mit Erfahrung, Ausdauer, Selbstsicherheit. Nur wer viele Jahre lang geht und steigt, heimkommt und wieder aufbricht, weiß mit der Zeit, wie weit er/sie gehen kann. Bei all dieses Erfahrungen spielt nicht die absolute Höhe eines Berges die entscheidende Rolle, auch nicht die Steilheit der gekletterten Wand, sondern vielmehr das Unterwegssein in Eigenverantwortung. Wir Bergsteiger merken rasch, dass wir begrenzt sind in unseren Möglichkeiten und nur deshalb ist Erfahrung möglich. Alles aber, was uns nicht zugänglich ist, alles, was wir nicht können, was also jenseits unserer Möglichkeiten liegt, sollten wir als das Jenseitige respektieren. Hölderlin hätte es »das Göttliche« genannt.

Lager am Fuße der 4000 Meter hohen Dhaulagiri-Südwand. Nur unter Überhängen ist man hier vor Lawinen sicher.

Kletterei an senkrechten Wänden im Carstenzs-Gebirge in Neuguinea, den »Dolomiten« auf der anderen Seite der Erde.

Links: Gefährliche Rettung. In der eisschlaggefährdeten Westwand des Ama Dablam im Himalaja stiegen Prof. Oelz und ich Peter Hillary und seinen Kameraden entgegen.

Rechts: Pumo Ri und Cho Oyu, wo ich im Winter an der Südostwand scheiterte. Von Südwesten gelang ein paar Monate später der Gipfelgang.

Links: Mount Everest von Nordosten. Zweimal stand ich auf dem Dachfirst der Erde: 1978 ohne Maske, von Süden kommend; 1980 allein, ohne Maske, in der Monsun-Zeit. Ich war von Norden aufgestiegen. Meine anstrengendste Bergtour.

Rechts: Nanga Parbat, mein persönlicher Schicksalsberg. Bei der Überschreitung des Berges 1970 starb mein Bruder Günther. Nur mit Glück überlebte ich mein allerschwierigstes Bergabenteuer. 1978 stieg ich ganz allein hinauf, meine schönste Bergtour.

*»Nein, ich habe
nicht nur große Berge
bestiegen, hohe Gipfel
erreicht und immer
wieder Tabus
gebrochen. Ich habe
Tage äußerster
Verlorenheit, Angst
und das Sterben
erlebt. Ich möchte mit
niemandem tauschen,
der weniger erlebt hat;
aber ich möchte auch
niemandem raten,
das zu wagen, was
ich gewagt habe.«*

Reinhold Messner

Nuptse und Lhotse (rechts) von Süden. Der Gipfel des Mount Everest, der dahinter aufragt – 8850 Meter hoch –, wirkt fast unscheinbar.

Nebelreißen im Khumbu-Eisbruch am Mount Everest, das gefährlichste Wegstück auf dem Weg zum Gipfel.

Einsamkeit an den Eishängen des Makalu. Cham Lang (links) und Shartse (rechts) im Hintergrund.

Lager am Gasherbrum II im Karakorum mit Blick auf die Nordwestwand des Gasherbrum I, die ich mit Peter Habeler 1975 im Alpenstil geklettert habe.

Biwakzelt an der Gipfelwand des K2, mit 8611 Metern Gipfelhöhe der zweithöchste Berg der Welt. Links dahinter Broad Peak und Gasherbrum.

Folgende Doppelseite:
Der Mount Everest zwischen Monsun-Nebeln, von Norden gesehen. Seit mehr als tausend Jahren meditieren Mönche in diesen Tälern, die den Berg als »jenseitig« respektieren. Seit zehn Jahren kann der höchste Berg der Welt auch im Reisebüro gebucht werden.

Heimkehr

»Dreitausendundfünfhundert Berge habe ich in meinem Leben bestiegen. Bei bald hundert Reisen zu den Bergen außerhalb Europas habe ich viele Gebirgsketten und Gipfel kennen gelernt. Die Anden wie die Rocky Mountains, die Berge der Antarktis ebenso wie jene in Ozeanien, Japan und Alaska. Und doch habe ich keine formschönere Felsenwelt kennen gelernt als die Dolomiten: die Geislerspitzen zum Beispiel, der Langkofel und die überhängenden Nordwände der Drei Zinnen. Schon im Kindesalter war ich überrascht und erstaunt über so viel Vielfalt. Eindrücke, die nie mehr übertroffen wurden – meine Heimkehr ist also auch eine Liebeserklärung an die Dolomiten.«

Reinhold Messner

Was macht ein Bergsteiger, nachdem er Achttausender im Alleingang, in Serie, im Monsun und den Mount Everest ohne künstlichen Sauerstoff bestiegen hat. Zuletzt habe ich auf allen 14 Achttausendern der Erde gestanden! Die Antwort ist einfach: Ich bleibe kreativ und erschaffe mir einen 15. Achttausender: das Messner Mountain Museum. Dieser 15. Achttausender wird – so hoffe ich – in meiner Heimat Südtirol stehen, am Stadtrand von Bozen, auf der Burg Sigmundskron und in ein paar Ablegern in Sulden am Ortler, auf Juval und auf dem Monte Rite bei Cibiana di Cadore. Bevor die Vision Realität wird, sind, wie immer bei schwierigen Projekten, Hindernisse – viele auch lokalpolitischer Natur – zu überwinden. Manche sind so groß, dass andere längst aufgegeben hätten. Nein, ich gebe nicht auf, ich kämpfe für meine Idee, nutze Kontakte und Kreativität, um inzwischen die ersten Ableger zur zentralen Struktur zum Thema Mensch–Berg zu realisieren.

Drei davon sind schon fertig: Schloss Juval im Vinschgau mit einer einmaligen Sammlung von Tibetica; das winzige »Flohhäuschen« in Sulden am Ortler, wo ich Kuriositäten zur Alpingeschichte – alpine Curiosa – untergebracht habe und das Museum in den Wolken, wo ich von den Dolomiten erzähle! Es öffnet im Sommer 2002 erstmals seine Tore. Heimkehr ist für mich verbunden mit Einbringen, und was kann ich denn mitbringen als meine Erfahrung!

Die Drei Zinnen (linke Seite) und die Hohe Gaisl (rechts). Man sieht, wie dieser Berg in sich zusammenbricht. Nein, auch die Dolomiten sind nicht ewig. Wie lange es dauern mag, bis der Zeitraffer der Erdgeschichte aus den steilen Dolomitenfelsen bewachsene Hügel machen wird, lasse ich offen.

»Das verlöschende Licht stieg ohne Verweilen höher. Zuletzt glühten nur noch die Gipfelkronen. Purpur, rosa, violett! Die Wolken trugen den Widerschein in die Nacht. Die Mäher hielten inne und wischten mit Gras die Sensenklingen blank. Feierabend.«

Fritz Schmitt

Die Welt der Dolomiten zwischen Drei Zinnen und Monte Cristallo: Felsen, Ödland, Almen, aber nicht unnütz.

Weiler im Gadertal. Im Südtiroler Teil der Dolomiten ist die Berglandwirtschaft fast überall noch intakt.

»Wenn ich mich heute für die letzten wilden Landschaften dieser Erde einsetze, dann deshalb, weil die nächsten Generationen, mehr noch als wir, Stille, Weite und Freiräume brauchen werden. Einige Stücke dieser Erde dürfen »wild« bleiben, ohne Infrastruktur, ohne Massentourismus. Ich möchte mit meinen Museen die Neugierde dafür wecken. Denn nur, wenn wir neugierig bleiben, sind wir wach und offen für das Geheimnisvolle.«

Reinhold Messner

Dolomites

Zum »Jahr der Berge«, zu dem die UNO das Jahr 2002 ausgerufen hat, wird also ein weiterer Ableger meiner Idee vom Messner Mountain Museum eröffnet: das Museum DOLOMITES auf dem Monte Rite im Cadore, mitten in den südöstlichen Dolomiten. Der große Architekt Le Corbusier, der die Dolomiten zu den schönsten Bauwerken der Welt erklärt hat, ist nie auf dem Monte Rite gewesen. Sonst hätte er hinzugefügt: »Wer den Blick vom Monte Rite auf die Dolomiten nicht kennt, kennt die Dolomiten nicht.« Das 360-Grad-Panorama mit Monte Agnèr, Monte Pelmo, Civetta, Marmolada, Monte Cristallo, Antelao, Tofane, Rocchette, Lagazuoi, Zinnen ist ohne Vergleich. Tausendundein Gipfel.

Auf dem 2181 Meter hohen Gipfelplateau des Monte Rite steht ein altes Fort, das vor dem Ersten Weltkrieg von den Italienern gegen die Truppen von »Cecco Beppe«, des österreichischen Kaisers Franz Josef, erbaut worden ist. Dann kam der Erste Weltkrieg. 1917 besetzten die Österreicher den Monte Rite, 1918 mussten sie abziehen, nicht ohne vorher große Teile des Forts zu sprengen. Im Zweiten Weltkrieg hausten Partisanen in den Ruinen, und dann begann ein langer Dornröschenschlaf. Dieser ging erst zu Ende, als ich diesen Platz 1998 sah.

Oben: Reinhold Messner in der Burgruine Sigmundskron, wo das Herz seines Bergmuseums geplant war.

Links: Lang gezogen und in eine alte Festung gebaut: das »Museum in den Wolken« auf dem Monte Rite bei Cibiana di Cadore. Im Hintergrund die noch »wilde« Bosconero-Gruppe. Wenn alle Dolomitengruppen aufgeschlüsselt wären in Routen, Skizzen, Beschreibungen, Markierungen, sie hätten nicht die Ausstrahlung, die sie für mich haben.

Als ich den Museumsstandort entdeckte, gab es nur eine Idee. In nur zwei Jahren schufen die Gemeinde von Cibiana di Cadore, die Provinz Belluno und die Region Veneto die Voraussetzung für diese meine Idee. In absolut unitalienischer Art und Geschwindigkeit stellten wir ein Museumsprojekt auf die Beine, das seinesgleichen sucht: Das »Museum in den Wolken«. Der Platz, nur zu Fuß oder im Shuttle-Bus zu erreichen, ab Sommer 2002 für jeweils fünf Monate im Jahr offen, lebt von der einmaligen Dolomitenlandschaft und Wechselausstellungen. In der mustergültig renovierten ehemaligen Festung, der »Ex Batteria« und in zwanzig Kammern wird Stück für Stück die Dolomitengeschichte erzählt. Die Nebenräume gleichen Seitenaltären eines Kirchenschiffs und beherbergen Reliquien, Erinnerungsstücke an Künstler und jene Kletterer, die mit ihren Erstbegehungen alpine Geschichte geschrieben haben: Innerkofler, Winkler, Dibona, Bettega, Haupt. Comici mit dem »Sechsten Grad« sowie die Helden der Direttissima und der »Modernen Zeiten« sind präsent. Das Museum DOLOMITES aber beherbergt vor allem Kunst: Dolomitendarstellungen von Thomas Ender über E. T. Compton bis zu Stephan Huber, dessen gipsweiße Bergskulpturen wie erratische Blöcke im »Hauptschiff« stehen. Zwischen den Gemälden Fenster mit dem spektakulärsten Blick auf die Gipfel draußen, »echte Bilder« also!

Museum Dolomites mit Croda Marcora und Antelao. Links Hans Peter Eisendle aus Sterzing, der an hundert Meter hohen Felsen neben dem Museum die »hohe Schule des Felskletterns« lehrt.

Vorhergehende Doppelseite: Hintereinander gestaffelt die Dolomiten südlich von Cortina d'Ampezzo. Auf dem breiten Bergrücken knapp links der Bildmitte steht das »Museum in den Wolken«.

»Der Reiz der Dolomiten liegt neben ihrer landschaftlichen Schönheit und Großartigkeit insbesondere auch in dem Wechsel, welchen sie gegenüber dem eigentlichen Hochgebirge bieten. Da ist alles so ganz anders: Südlich, eigenartig, farbenprächtig. Die Größe des Hochgebirges stimmt ernst, die Dolomiten sprechen zu unserer Phantasie, die anmutigen Schönheiten ihrer Thäler zu unserem Herzen, das hier auftaut.«

Theodor Wundt

›In einem tiefen Dolomitental aufgewachsen, wo die Wolken oft über der einen Talkante auftauchen und innerhalb von Minuten über der anderen verschwinden, wuchs neben dem Gefühl des ›Daheim-Seins‹ Neugierde: Ich wollte früh schon wissen, was hinter den Bergen lag und darüber. Zurückgekehrt in die Dolomiten, bringe ich nun das Erbe ein.«

Reinhold Messner

Hoch oben am Berg, auf der Gschmagenhart-alm, wollte ich einst meinen Wohnsitz aufschlagen. Wenn ich später aus den Dolomiten ins Urgestein umgezogen bin, nach Juval im Vinschgau, so auch deshalb, weil ich gestalten wollte. Juval (oben) ist ein Platz voller Harmonie und Geschichte, heute auch Museum. Das »Museum Dolomites« ergänzt es mit einer zentralen Begegnungsstätte zum Thema »Berg«, die erst noch zu schaffen ist.

Auch Reliquien gibt es zu sehen, Seile, Tagebücher und, älter als alle anderen, Schädel und Pfoten der legendären Höhlenbären von Conturines.

Im Mittelpunkt der Museumseröffnung steht der Mann, dem die Dolomiten ihren Namen verdanken: der französische Naturforscher und Abenteurer Déodat Gratet de Dolomieu, ein Zeitgenosse Goethes. Er wird in der ersten Sonderausstellung gefeiert.

In den kommenden Jahren wird es immer wieder Sonderausstellungen geben, denn mein Ziel ist es, das Museum DOLOMITES zu einem kulturellen Treffpunkt zum Thema Dolomiten zu machen, zu einem Kristallisationspunkt, der Geografie, Geologie und Geschichte der »bleichen Berge« lebendig mit einbezieht und so auch einem internationalen Publikum nahe bringt.

Auch die verlassenen Almen an den Hängen des Monte Rite werden nach und nach belebt, beweidet von einer Herde von Yaks aus dem Himalaja. Ein botanischer Lehrpfad ist angelegt und begehbar, die ganze Region soll aufgewertet werden. In der ehemaligen Kaserne des Forts gibt es ein Restaurant, im ehemaligen Pulvermagazin im Berginneren soll ein Kongresszentrum entstehen.

Das MMM DOLOMITES auf dem Monte Rite, hoch über Cibiana, ist von Venedig über die Autobahn in zwei Stunden gut zu erreichen, von Cortina d'Ampezzo aus in einer Stunde. Parkmöglichkeiten gibt es am »Passo di Cibiana« in Höhe des Rifugio. Von dort ist das »Museum in den Wolken« auf der alten Schotterstraße zu Fuß (1½ Stunden Gehzeit) und mit dem Shuttle-Bus (15 Minuten) zu erreichen. Kein Ruhetag.

Folgende Doppelseite: Links der breite Rücken des Monte Rite, rechts die Bosconero-Gruppe. Ganz rechts die Rocchetta Alta di Bosconero.

In den Standorten Monte Rite, Juval, Sulden und vor allem Bozen wollte ich die kollektive Biographie des Bergsteigens bündeln. Ganz Südtirol sollte zum Berg-Erfahrungsraum werden. Gibt es einen besseren Standort als den Hügel mit der Burg Sigmundskron am Stadtrand von Bozen für eine Begegnungsstätte zum Thema »Berg«?

Gämse in den Dolomiten. Mein Museum wird kein naturkundliches sein, trotzdem soll gesammelt werden, was nicht verloren gehen darf. Es sind Emotionen, die ich ausstelle.

Die Doppelpyramide der Civetta von Westen. Rechts der Cantoni-Kamm mit der Cima della Busazza. Vom Gipfel der Kleinen Civetta zweigt nach links der Südwestkamm ab.

»Weiter im Süden weiß ich von einer stolzen Felsburg, die ich selbst noch nie geschaut, doch von der ich schon viel gehört habe. Einmal nur hatte ich mit Fiechtl darüber gesprochen. Damals meinte er, ›von dieser Wand soll man die Finger lassen, der arge Steinschlag, das viele Eis und diese endlose Mauer‹.«

Emil Solleder

»Hätten meine Kisten mir folgen können, hätte ich besser auswählen können unter den verschiedenen Steinen, die ich auf meiner Reise nach Tirol gefunden habe. Aber ihr müsst bedenken, dass man sich auf einer Reise von 300 Meilen (1300 km) durch die Berge, oft zu Fuß, nicht mit kleinen Gesteinsproben belasten kann.
Ich fürchte, dass die gesamte Sammlung dieser Reise verloren gegangen ist. Vor fünf Monaten habe ich sechs Kisten Naturgeschichte auf ein Schiff bringen lassen, das von Venedig nach Marseille segeln sollte, aber ich habe weder von den Kisten noch vom Schiff je wieder Nachricht erhalten. Wenn sie verloren gegangen sind, werde ich mich nie wieder mit der Naturwissenschaft befassen und keinen einzigen Stein mehr aufklauben.«

Déodat de Dolomieu

Vor zwei Millionen Jahren stand der Beginn einer Klimaveränderung: Die Abkühlung der Erdoberfläche führte in den Dolomiten zur Bildung von Eisschilden und Talgletschern. Wie die Dolomiten heute oft aus einem Nebelmeer, ragten die höchsten Gipfel damals aus dem Eis.

Sigmundskron als Standort eines Museums zum Thema »Berg«? Im Osten ist der Schlern zu sehen, im Norden die Texelgruppe über Meran, unmittelbar darunter Bozen, die Landeshauptstadt von Südtirol, seit jeher »das Land im Gebirge«. Die Brennerautobahn als Beweis, dass die Alpen durchlässig geworden sind, verbindet hier Eisack- und Etschtal, als sei alles eins und über die »MeBo«, die Schnellstraße zwischen Meran und Bozen, fahren Alpenbewohner und Bergurlauber unmittelbar darunter durch den Berg.

Mitten in den Alpen, an der Brücke zwischen dem Norden und dem Süden Europas, könnte also ein Begegnungsraum entstehen, ein Ort zum Innehalten und Nachdenken. In den Mauern von Sigmundskron! Viele sind dagegen. Warum? Zwischen all dem Verkehr und den *»Events«*, die zum modernen Tourismus gehören, möchte ich einen Ort der Kontemplation schaffen und Kunst, die Berge betreffend, Bilder vor allem und Aussagen bündeln, die bisher heimatlos waren. Die Berge und die Kunst sollen immer wieder neu in Beziehung zueinander treten. Mir geht es dabei um den Dialog, um das kulturelle Erbe des Alpinismus, um die Mittlerrolle zwischen Menschen und Bergen, um die Zukunft der Alpen.

Die Berge, ihre Werte und Dimensionen, sind erfahrbar mit dem Hinaufsteigen oder zu vermitteln über Denkgegenstände, die in Form von bildender Kunst in einem Museum einem breiten Publikum zugänglich sind. Weit über ihre jeweilige Gegenwart hinaus erzählen Kunstwerke, wenn sie welche sind, von ihren Schöpfern. Bergbilder von den Bergen, von der Schöpfung.

Natürlich ist eine weitläufige Museumsanlage, die Kunstschätze aus zwei Jahrhunderten, vor allem aus den Alpen, vereinen will, auf einen Parcours, einen vorgegebenen, sinnstiftenden Ablauf angewiesen. Zwischen Ort und Werk muss eine Dialogsituation entstehen ähnlich der unmittelbaren Begegnung der Menschen mit den Bergen. Wie schon William Blake erkannt hat: »Wenn Mensch und Berg sich begegnen, kann Großes geschehen.« Es gilt also, das Thema »Berg« vor allem im Zeitalter von Massentourismus und »Fit for Fun« neu zu besetzen. Unser kollektives Gedächtnis ist auf Stützen angewiesen und wir Bergsteiger definieren uns doch über die Berge.

»Sie fesseln unsere Blicke durch das Sonderbare ihrer Formen und das Malerische ihrer Umrisse.«

John Murray im Handbuch über die »Dolomites«

Wir Bergsteiger definieren uns auch über unsere Geschichte und unsere gemeinsamen Geschichten.
Ich habe nun den »Berg als Ganzes« ins Auge gefasst. Als Ideator des Museums sehe ich mich in der Rolle des Aufklärers. Es geht mir um die Übersicht und ein Gesamtkunstwerk zuletzt, das die historischen Orte, die geografische Lage und die zusammengetragenen Kunstwerke in Beziehung zueinander setzt. Und das immer wieder unter einem anderen Blickwinkel, also immer wieder neu.
Die Werke sollen untereinander und die Besucher miteinander kommunizieren. Ich will Auskunft geben, ohne dass viel erklärt werden müsste. Als Ordner und Gestalter ziele ich auf ein dynamisches Bild der Berge, nicht auf die eingefrorene Wirklichkeit. So nur entsteht Spielraum zwischen den Betrachtern und den Bergen, die sich in unserem Bewusstsein stetig verändern.
Ich will also nicht über Kunst und die Natur informieren, sondern aufklären über den Berg und die Natur des Menschen. Die Vermittleraufgabe, die ich übernehme, gilt dem Dialog zwischen Mensch und Berg sowie zwischen den Generationen.

Die Schiara mit dem Burèl, was »Abgrund« bedeutet.

Rechts: Ein Steinadler, der die Winde über den Abgründen der Dolomiten genial zu nutzen versteht.

»Welche Gelegenheit findet der Kletterer hier für seine Künste! Die steilen Felsen bieten meist vortreffliche Tritte und Griffe, die Touren sind kurz, und ein sicherer, geübter Mann kann den Führer wohl entbehren, denn Überraschungen, wie sie das Wetter bei den großen Eisgebirgen oft bringt, können leicht vermieden werden. Es liegt ein unsagbarer Reiz darin, dort oben allein oder mit Gleichgesinnten herumzuklettern, frei und unabhängig in dieser abenteuerlichen Felsenwelt über den grünen Matten und Wäldern.«

Theodor Wundt

Die durch die Mittagsscharte deutlich in zwei Teile gegliederte Kette der Geislerspitzen. Vorne rechts die Gschmagenhartalm, von der aus wir als Kinder zum Murmeltierschauen nach Cisles gegangen sind.

Folgende Doppelseite: Skiarena Dolomiten. Im Gebiet zwischen Gröden und Cortina gibt es heute mehr als fünfhundert Aufstiegsanlagen. Die Skipisten erstrecken sich über weit mehr als tausend Kilometer, das spektakulärste Skikarussell der Welt, aber es genügt!

MMM-Dolomites am Monte Rite.
Dieses »Museum in den Wolken«
erzählt über die Dolomiten.

Vision

Zwischen Sulden und Cibiana, Trento und Juval soll eine Synthese aus Kunst und Berg – Themen wie Eis, Fels, Mythos Berg, Ausstrahlung der Berge – beleuchtet werden. Das Gesamtkonzept hat den Titel »Messner Mountain Museum«.

MMM-Firmian – Ursprünglich geplantes Zentrum der musealen Struktur mit Bergbildern aus den Alpen

E. T. Compton: Dolomitenkletterei

MMM-Bergvölker – Tibeterin vor ihrem Nomadenzelt

Yaks aus dem Himalaja

Buddha der Weisheit

MMM-Juval – Heim eines Halbnomaden

Alpenlandschaft

Reliquie – Kletterhammer von Paul Preuß

»Drei der Ableger (Dolomites, Juval, Sulden) sind zugänglich. Für das Thema Bergvölker wird sich ein Standort finden.«

Reinhold Messner

MMM-Curiosa in Sulden – Eis und Alpingeschichte

Personenregister

Albert, Kurt 62
Andrich, Alvise 61
Ampferer 59, 201
Andreotti, A. 183
Arduino, G. 11
Auckenthaler, Hias 61
Backhouse 54
Ball, John 44, 46
Baumgartner, Siegfried 65
Berger 59, 201
Bertoldi 94
Bettega, Michele 49, 53, 55ff., 93, 236
Bierbaum, Otto Julius 6
Blake, William 244
Bonaparte, Napoleon 17, 18
Bruun-Neergaard, T. C. 17
Buch, Leopold von 17, 77
Buhl, Hermann 156, 211
Buzzati, Dino 183
Callegari, Nina 6
Christomannos, Theodor 6, 42, 45, 69, 70, 73, 107, 173, 215
Churchill, G. C. 14, 42, 45, 46
Comici, Emilio 61 ff., 92, 194, 197
Compton 49, 236
Costamoling, Willy 162
Cozzolino 201
Delago, Hermann 116
Dévouasoud, François 54
Dibona, Angelo 59, 82, 86, 201, 236
Diener, Carl 46, 185
Dimai, Giuseppe 194
Dolomieu, Déodat Gratet de 6, 9 ff., 10 f., 15, 17 ff., 22, 31, 34, 116, 133, 195, 239, 242
Dolomieu, Marquis Gratet de 22
Dülfer, Hans 117, 188, 194, 201
Egger, Toni 156
Eisendle, Hans Peter 199
Eisenstecken, Otto 104, 201
Ender, Thomas 43, 236
Euringer, Gustav 54, 181
Fehrmann, Rudolf 59, 146
Fiechtl 242
Fortis, Alberto 20
Fox 54
Franz Josef, Kaiser 233
Freshfield, Douglas William 46, 54, 146, 151
Frisch, Hans 156
Gabriel 201
Gilbert, J. 14, 42, 45, 46, 171
Gioeni, Giovanni 20
Goethe, J. W. von 11, 20, 239
Gordon, Maria M. Ogilvie 20
Grohmann, Paul 38, 45, 46, 47, 55, 61, 135, 141, 185, 201
Hager, Hubert 6
Hainz, Christoph 132, 174, 198 f., 201
Haupt, Gabriel Oswald 59, 201, 236
Hintermeier, Hans 190
Holzer, Heini 28, 32, 101, 120, 128, 151, 174
Hübel, Paul 100
Huber, Alexander 67, 74, 118 f., 156, 201
Huber-Brüder 199
Huber, Stephan 236
Innerkofler, Franz 47, 61, 188, 201, 236
Innerkofler, Josef 194
Innerkofler, Veit 194
Jori, Francesco 104, 111, 183, 201
Karl, Reinhard 63, 67
Kauffmann, Angelika 20
Klemens XIII., Papst 22
Koller 201
Kreil, Josef 6
La Rochefoucauld, Alexandre de 22
Lacedelli, Lino 162
Lapeyrouse, Picot de 10
Langes, Gunther 176, 179, 189
Le Corbusier 6, 233
Leslie, Stephen 174
Lettenbauer 128, 201
Lenné 11
Livanos 160, 201
Lotse, Emil 45
Manara, Valgimigli 96, 112
Manolo 67, 156, 201
Maria Carolina, Königin 17
Mariacher, Heinz 67
Mayerl, Sepp 109, 174
Mayr 37
Merlet, Erwin 179
Merzbacher 50
Messner, Günther 28, 76, 89, 92, 95, 165, 174
Messner, Heindl 174
Messner, Josef 28
Messner, Reinhold 28, 77, 82, 86, 106, 108, 136, 145, 152, 157, 161 f., 165, 174, 195, 199, 201, 207 ff., 216, 220, 222, 232 f., 238
Michel, Peter 54
Micheluzzi 76, 201
Moser, Karl 45
Motti, Gian Piero 67
Murray 6, 25, 246
Noë, Heinrich 26
Pellegrinon, Bepi 179
Peterka, Hubert 61
Philipp/Flamm 128, 134, 201
Piaz, Tita 104, 111, 116, 201
Preuß, Paul 59, 119
Purtscheller, Ludwig 48, 105
Rampold, Josef 179
Rébuffat, Gaston 195
Renzler, Konrad 65, 137, 202
Richthofen, Ferdinand Freiherr von 6, 67
Rittler, Leo 61
Rizzi, Luigi 59, 104, 111, 116, 195, 201
Rudatis, Domenico 61
Salcher, Peter 47
Saussure, Horace Bénédict de 9, 17
Saussure, Nicolas Theodore de 9 f.
Schließler, Martin 37
Schmidkunz, Walter 70, 81, 85, 121, 133, 159, 171
Schmitt, Fritz 23, 61, 113, 117, 198, 201
Schmitt, Robert Hans 117
Schulz, Karl 49, 58, 150
Seelos, Gottfried 45
Seelos, Gustav 45
Seelos, Ignaz 45
Soldà 94
Zanzi, Luigi 9, 14, 18 f., 34, 195, 221
Zsigmondy, Emil 48, 52

Sachregister

Adamello 81
Afghanistan 220
Ägypten 17, 18
Ama Dablan 222
Ampezzaner 42, 173, 185
Anden 229
Antarktis 229
Antelao 101, 135, 145, 170, 173, 185, 188, 214, 233, 236
Aostatal 34
Ätna 22
Bad Ratzes 97
Baltoro-Gletscher 220
Bella Vista 74, 201
Belluno 203, 206, 236
Biaho-Turm 220
Bocca di Brenta 146, 151
Bocchette Weg 146
Bosconero-Gruppe 120, 124, 127, 170, 233, 239
Bozen 42, 45, 70, 73, 100 f., 111, 137, 229, 242, 244, 252
Brenta 38, 146, 150, 151, 210
Brenta Alta 146, 151
Brenta Bassa 146, 151,
Broad Peak 225
Buchenstein 42, 70
Burèl 202, 203, 206, 209, 247
Busazza 133
Cadin 135, 188
Cadore 120, 233
Caigo Turm 146
Camino degli Angeli 179
Campanile Alto 146
Campanile Basso 59
Campanile di Val Montanaia 55
Campanile Pradidali 179
Campillerturm 25
Campitello 42, 117
Canazei 42, 70, 101
Cantoni-Kamm 242
Carstenzs-Gebirge 221
Cham Lang 225
Chamonix 54
Cho Oyu 222
Ciavazes 62, 76, 81, 85
Cibiana di Cadore 229, 233
Cima Brenta 145 f., 151
Cima Canali 180
Cima della Busazza 242
Cima della Madonna 95, 176, 179 f., 201
Cima della Vezzana 174
Cima Fradusta 180
Cima Immink 178 ff.
Cima Margherita 146
Cima Scotoni 93, 162, 201
Cima Val di Roda 179
Cimone della Pala 53, 151
Cima Tosa 145 f.
Cinque Torri 167
Cir-Spitze 31
Cisles-Alpe 29, 31
Cisles Odla 26, 25
Cismone-Tal 181
Civetta 55, 61, 92, 94, 101, 128, 132 ff., 144, 201, 207, 214, 233
Col de la Soné 32
Col Nudo 210
Col Turond 31
Coldai-See 128
Colle Santa Lucia 120
Comelico 47
Conturines 162, 163
Cordevole 120
Coronelle 101
Cortina 25, 42 f., 70, 120, 170, 236, 239, 248
Corvara 162
Croda da Lago 50
Croda Marcora 236
Crozzon di Brenta 145 f., 151
Dauphiné 9, 22, 34, 133, 221
Dhaulagiri 221
Dent du Géant 58
Dente del Cimon 179
Dolomieu 9, 133
Dolomiten 6, 9 ff., 14 f., 17, 20, 24, 26, 31 f., 37 f., 45f., 55 f., 59 ff., 67, 70, 73, 76, 93 ff., 104, 107, 113, 125, 127, 136 f., 145 f., 151 f., 158, 160 ff., 171, 180 ff., 190 ff., 201 ff., 207 ff., 221, 229 ff., 236 ff.
Drei Zinnen 39, 46 ff., 185, 195, 197, 229, 231,
Dreischusterspitze 47
Eggental 45
Eisack 26, 38, 97, 222
England 57
Etsch 38, 151, 210, 221
Euringer 97, 256
Falzarego 42, 70
Fanes 152, 156, 158, 174
Fanes-Turm 173
Fassa Tal 81, 111,
Fermeda 26, 31, 48 f.
Florenz 20
Föderer Köpfel 70
Fradusta-Gletscher 180
Frankreich 17
Friaul 47
Fünffingerspitze 85, 93, 117, 201
Gadertal 34, 70, 151, 162, 231
Gardenaccia 32, 152
Gasherbrum 225
Geislerspitzen 9, 18, 20, 22, 24 ff., 28 f., 31, 48, 77, 152, 229, 248
Guglia di Brenta 55, 58 f., 93, 151, 201
Gokyo-See 216

Gran Vernèl 85, 144
Graubünden 221
Grindelwald 54
Grödner Joch 76, 31
Grohmannspitze 55, 85, 89, 93
Große Fermeda 26, 48
Große Mauer 152, 156
Große Odla 26
Großer Trango-Turm 220
Gschmagenhartalm 20, 24, 29, 239, 248
Guselà del Vescovà 202
Haunold 185, 188, 197
Heiligkreuzkofel 152, 156, 158, 160, 161, 201
Himalaja 216, 222, 239
Hindukusch 220
Hohe Gaisl 229
Ikarus 96
Innerkoflerturm 55
Island 216
Japan 229
Jura 34
Juval 229, 239, 252, 253
K2 162, 225
Kalabrien 22
Karakorum 220, 225
Karerpass 42, 70,
Karersee 42
Karnische Alpen 210
Kärnten 171
Kastelruth 96
Kesselkogel 101, 113, 201
Khumbu 216
Kleine Odla 26
Kleiner Peitler 34
Kreuzjoch 31
Langkofel 6, 29, 55, 81, 89, 92, 94, 96, 201, 229
Larsec-Gruppe 107, 116
Latemar 17 f., 73, 101, 119, 125,
Laurinswand 53, 116, 201
Lhotse 224
Liparische Inseln 22
Lienzer Dolomiten 210
London 171
Madonna di Campiglio 146
Makalu 225
Malta 22
Marengo 18
Marmolada 46, 56 f., 53, 73, 85, 92 ff., 101, 107, 135 ff., 141 f., 144, 145, 173, 188, 201, 214, 233
Matterhorn 151, 174
Meisules 85
Meran 244
Mesdì 26, 85, 86
Messina 17
Mexico 221
Misurinasee 185
Mittagsscharte 25, 28, 248
Molveno See 151
Mongolei 216
Montblanc 53
Monte Agnèr 174, 183, 233
Monte Cristallo 43, 145, 170, 173, 214, 231, 233
Monte Durano 135
Monte Pelf 207
Monte Pelmo 44, 46, 120, 124, 207, 208, 233
Monte Pizzocco 203
Monte Rite 229, 233, 239, 252
Monte Rosa 9
Mount Everest 216, 222, 224, 225, 229
Mouzon 117
Mulaz 179
München 45
Nanga Parbat 137, 216, 222
Neapel 20
Neuginea 216, 221
Neunerspitze 152, 158
Nuptse 224
Odla di Valdussa 28
Ortler 81, 229
Ostalpen 34, 221
Ötztaler Alpen 81
Ozeanien 229
Padua 203
Paju-Peak 220
Pala di San Bartolomeo 179
Pala-Gruppe 54, 119, 174, 176, 180, 183
Pale di San Martino 55, 135, 178, 179, 180
Panascharte 25, 31
Paris 9, 14, 18
Passo di Cibiana 239
Patagonien 216
Pedraces 152
Peitlerkofel 32, 34, 37
Pelmetto 120
Pelmo 11, 46, 92, 101, 120, 124, 135, 201, 208, 214
Peutelstein 42
Piave 26, 38, 210, 221
Piz de Ciavazes 62, 76
Piz Popena 173
Piz Zack 26
Plattkofel 89, 97
Pontinische Inseln 22
Ponza 22
Pordoi 70, 76, 82, 85, 86,
Pragser Wildsee 162
Puezgruppe 20, 22, 24, 31
Pumo Ri 222
Punta di bel Pra 135
Punta d'Ombretta 137, 141
Punta Fiames 93
Punta Frida 197
Punta Penia 137, 141
Punta Rocca 141, 142
Punta Tissi 93, 128, 201
Purgametsch 109
Pustertal 42, 197
Regensburger Hütte 28
Rienz 26, 38, 221
Rifugio Agostini 146
Rocchetta Alta di Bosconero 124, 127, 239
Rolle-Pass 180
Rom 20
Rosengarten 42, 44, 50, 66, 70, 73, 81, 100, 101, 104, 109, 110, 113, 115, 116, 141
Rosszähne 96
Sahara 216
San Martino 53, 55, 57, 178 ff.
Sankt Gotthard 221
Santnerspitze 97, 256
Sass de Mesdì 26
Sass Maor 179 ff.
Sass Pordoi 93
Sass Rigais 20
Sass Songher 24, 31,
Sasslong 55
Sasso di Bosconero 124
Savoyen 22
Schiara 14, 55, 202 f., 208, 247
Schleierkante 93, 176, 179
Schlern 6, 66, 67, 73, 96, 97
Schloss Juval 229
Seceda 26, 28,
Seekofel 162
Seis 96
Seiser-Alm 81, 96, 97
Sella 6, 31, 73, 76 f., 81, 85 f., 89, 92, 95
Sextener Dolomiten 65, 185, 191
Sextener Rotwand 9
Sextenertal 38, 39
Sfulmino 146, 151,
Sibirien 216, 221
Sigmundskron 229, 233, 242, 244
Sizilien 22
Sorapis 135, 170, 173, 185, 214
St. Christina 28, 31,
St. Johann 22
St. Magdalena 31
St. Peter 31
Sterzing 236
Stevia 28, 29,
Südtirol 66, 137, 158, 229, 242, 244
Südtiroler Dolomiten 31
Südtiroler Weg 141 f.
Sulden 229, 242, 252, 253
Tamserku 216
Taranto 17
Tessin 34
Texelgruppe 244
Tibet 216
Tirol 9, 14 f., 18, 20, 34, 38, 45, 77, 107, 171, 243
Toblach 70
Tofana 17, 42, 43, 135, 167, 173, 233
Tofana di Mezzo 172
Tofana di Rozes 70, 167, 172, 173, 208
Tofanaspitze 135
Torre Caigo 146, 151
Torre d´Alleghe 128, 201
Torre di Brenta 146
Torre di Valgrande 128, 132, 201
Torre-Trieste 104
Travenanzes-Tal 167, 173
Trentino 158
Tschampedél 42
Tscheiner 107
Vajolet-Gruppe 50
Vajolet-Türme 107, 110, 116
Val d'Ossola 34
Val di Piero 202
Val di San Lucano 183
Val Formazza 221
Varella 152, 165
Venedig 15, 239, 243
Veneto 158, 236
Vernèl 141, 144
Vesuv 22
Villnöß 22, 28, 31
Villnösser Turm 26
Vogesen 34
Wallis 50, 221
Weißhorn 50
Welschnofen 45
Westalpen 34
Westliche Zinne 74, 119, 197, 201
Winklerturm 50, 116, 201
Zahnkofel 89
Zehnerspitze 152
Zentralalpen 6, 32, 34, 77, 107, 152, 188
Zinnen 62, 63, 185, 188, 190, 197
Zillertaler Alpen 42
Zwölfer 65, 188, 198
Zwölferkofel 65, 198

Literaturverzeichnis

Hans Dülfer, Fritz Schmitt, Bruckmann, München

Walter Schmidkunz, Peter Grimm, Bruckmann, München

Wanderungen in den Dolomiten, Paul Grohmann, Verlag von Carl Gerold's Sohn, Wien 1833

Freiklettern mit Paul Preuß, Herausgeber Reinhold Messner, BLV Verlagsgesellschaft, München Wien Zürich

Empor! Georg Winklers Tagebuch. In Memoriam., Herausgeber Erich König, Verlag Grethlein & Co., Leipzig

Dolomiten Reisen in die Urzeit, Marco Avanzini – Michael Wachtler, Verlagsanstalt Athesia, Bozen

Engadin – Ortler – Dolomiten, Theodor und Maud Wundt, Druck und Verlag von Greiner & Pfeiffer, Stuttgart

Aufbruch ins Abenteuer, Reinhold Messner, Verlagsanstalt Athesia, Bozen

Schleierkante – Spigolo del velo, Gunther Langes, NS

Siebter Grad, Reinhold Messner, BLV Verlagsgesellschaft, München Wien Zürich

Die Dolomiten, Hans Fischer/Fritz Schmitt, Bergverlag Rudolf Rother, München

Zurück in die Berge, Reinhold Messner, Verlagsanstalt Athesia, Bozen

Il mantello di Cebète, Manara Valgimigli, Editrice La Mandragora

Seite 1:
Santner- und Euringerspitze, die beiden Trabanten des Schlern.

Seite 2 u. 3:
Aus dem Nebel ragt der Rücken des Schlern mit seinen Trabanten auf.
Im Hintergrund links die Geislerspitzen, rechts die Langkofelgruppe.

Seite 4 u. 5:
Schlern mit Burgstallwand, Euringer- und Santnerspitze, von Osten gesehen.

Bildnachweis:

Tappeiner AG, Lana:
1, 2–3, 4–5, 6–7, 8, 9, 10, 11, 12–13, 14, 15, 16, 18, 19, 23, 24, 26, 27, 28, 29, 30 o., 30 u. l., 32, 33, 35, 36, 42, 45, 46, 49, 51, 52, 54, 57, 58, 60, 63, 64, 66–67, 68, 69, 72, 77, 78–79, 80, 81, 83, 84, 86, 87, 88, 90–91, 92, 93, 94 (2), 95, 96, 97, 98–99, 100, 101, 102–103, 105, 106, 107 (2), 108–109, 110 o., 111, 112, 114, 115 o., 116 o., 117, 118, 120, 121, 122–123, 124, 125, 126, 129, 130–131, 132, 133 o., 135, 136, 138–139, 140, 141 o., 143, 144, 145 (2), 148–149, 150, 151 o., 152, 153, 154–155, 157, 158, 160, 162 (2), 163, 164, 165, 166, 168-169, 171o., 172(2), 173, 174, 175 o., 177, 178 (2), 179, 180 (2), 181, 182, 183 u., 184, 185, 186–187, 188, 189, 190, 191, 192–193, 194, 195, 196, 197 u. re., 198, 199, 200, 202, 203, 204–205, 206 o., 207 (2), 208, 210, 211–213, 214 u., 215, 228, 229, 230 (2), 231 (2), 232, 234–235, 237, 238, 240–241, 242, 243, 245, 246, 247, 248, 249, 250–251, 252 o., 253.

Heinz Zak:
74–75, 119, 201

Reinhold Messner:
20, 25 o., 25 u., 29 u., 30 u. r., 37 (2), 38, 39, 40–41, 43 (2), 44 o., 44 u., 47 o., 47 u., 48 (2), 50, 53 (2), 55, 56 (2), 59 (2), 61 (2), 62 (2), 65 (2), 66 u., 70, 71, 73 (2), 76 (2), 82 (2), 85 (2), 89, 94 u., 104 u., 109 re., 110 u., 113, 115 u., 116 u., 127 (2), 228 o., 133 u., 134 (3), 137 r., 141 u., 142 (3), 146, 147, 151 u., 156 (2), 159 (2), 161, 167 r., 170 (4), 171 u., 175 u. (2), 183 o., 197 u. l., 206 u., 209, 214 o., 216, 217 (2), 218–219, 220, 221, 222 (2), 223 (2), 224 (2), 225 (3), 226–227, 236 l., 252–253 (8).

Othmar Seehauser:
233, 239, Umschlagrückseite (Porträt)

4. Auflage, 2007

ISBN 978-88-7073-317-4